"互联网+"时代背景下农业经济的创新发展

谭启英　著

中华工商联合出版社

图书在版编目（CIP）数据

　　"互联网＋"时代背景下农业经济的创新发展／谭启
英著．——北京：中华工商联合出版社，2021.12
　　ISBN 978-7-5158-3283-8

　　Ⅰ．①互… Ⅱ．①谭… Ⅲ．①互联网络—应用—农业
经济发展—研究—中国 Ⅳ．①F323－39

　　中国版本图书馆 CIP 数据核字（2022）第 006041 号

"互联网＋"时代背景下农业经济的创新发展

作　　者：谭启英
出 品 人：李　梁
责任编辑：李红霞
装帧设计：程国川
责任审读：李　征
责任印制：迈致红
出版发行：中华工商联合出版社有限责任公司
印　　刷：北京虎彩文化传播有限公司
版　　次：2022 年 1 月第 1 版
印　　次：2024 年 4 月第 2 次印刷
开　　本：710mm×1000mm　1/16
字　　数：220 千字
印　　张：11.75
书　　号：ISBN 978-7-5158-3283-8
定　　价：68.00 元

服务热线：010-58301130-0（前台）

销售热线：010-58302977（网点部）
　　　　　010-58302166（门店部）
　　　　　010-58302837（馆配部、新媒体部）
　　　　　010-58302813（团购部）

地址邮寄：北京市西城区西环广场 A 座
　　　　　19-20 层，100044
http://www.chgslcbs.cn
投稿热线：010-58302907（总编室）
投稿邮箱：1621239583@qq.com

前　言

在"互联网＋"时代,我国信息技术取得显著进步,并在国民经济发展方面起到了重要的推动作用。"互联网＋"的到来使得产业体系、社会经济结构不断优化重组,为我国各行各业提供了不可小觑的创新驱动力量。就农业而言,"互联网＋"和农业的融合是大势所趋,也是我国农业顺利实现转型发展、突破发展瓶颈所必然要走的一条道路。所以,相关农业部门要积极借助互联网优势探索农业创新发展模式,重构农业产业链,让农业经济和我国整体经济发展保持同步。鉴于此,撰写了《"互联网＋"时代背景下农业经济的创新发展》一书,以期为相关研究者提供参考和借鉴。

本书共分九章,其中第一章阐明了"互联网＋"时代农业经济的发展概况;第二章主要介绍了"互联网＋"时代背景下农业产业链整合的相关内容,包括整合的内涵、环节、思路等;第三章分别从种植业体系、养殖业体系、林业体系出发介绍了农业生产的总体情况;第四章、第五章分别介绍了"互联网＋"时代背景下农业监管体系和农业平台体系的发展情况;第六章则着重论述了当前农业服务体系的发展现状;第七章介绍了"互联网＋"时代背景下农业电子商务的理论基础、工作实践及应用成效;第八章主要介绍当今时代农业营销模式的创新发展;第九章则将财政支农政策作为重点阐述内容。

本书在撰写过程中,参考和借鉴了许多农业方面的书籍与资料,在此表示最诚挚的谢意。由于笔者本人时间与精力有限,书中难免存在不妥与疏漏之处,恳请广大读者批评指正。本书既可供农业行业的管理者与农业相关从业者阅读,也可作为农学、农业工程等专业学生的参考读物。

作　者
2021 年 4 月

目　　录

第一章 "互联网＋"时代农业经济的发展

第一节 我国农业经济开始进入信息化时代

一、信息化是现代农业发展的重要趋势

科学技术是推动生产力发展的主要动力,是人类社会进步的重要标志。纵观全球农业生产史可以发现,每一次科技和工具上的重大突破,都将农业推上一个新的台阶,推向一个新的历史时期。

综观互联网在 21 世纪的纵深发展,信息化技术在我国农业生产经营中得到了广泛应用,农业信息化在农业生产经营管理、农业信息获取及处理、农业专家系统、农业系统模拟、农业决策支持系统、农业计算机网络等方面都极大地提高了我国农业生产科技水平和经营效益,进一步加快了农业现代化发展进程。目前,我国农业信息化的应用和发展主要呈现出以下特征。

首先,农业信息网络化快速地向前发展。目前,农业信息网络化发展呈现出良好态势,在该背景下,我国的农业生产者可以通过网络搜索等渠道获取更多前沿的农业科技资讯,了解和掌握最新的农业技术,并能够及时地获取农业政策、农业市场的最新动态,从而能够以此为依据做出科学、正确的农业生产经营决策,让自己在农业经营方面少走弯路,力争将农业经济效益最大化。

其次,当今农业信息化将"数字农业"作为其主要体现形式。农业大数据从本质上而言是农业领域和大数据结合的产物,是大数据的理念、方法、技能等在农业方面的具体呈现。目前我国农业领域正处于转型期,在这一特殊阶段,我国农业要想突破资源、环境的桎梏,缓解成本和价格所带来的压力,真正提升我国农业在全球范围内的地位,那么定然离不开对农业大数据的应用。

最后,农业信息化正在逐步渗透进农业领域的整个产业链。在农业信息化迅速发展的大趋势下,信息技术不再仅仅应用在农业的某区域、某技术

或者某种单一的经营管理行为上,它开始渗透进农业生产的全部环节和领域之中,与农业整个产业链紧密地结合在一起。

目前,"互联网＋"现代农业正在加快实现信息化技术与农业现代化的深度融合,在农业生产的各个领域表现出新的活力。以物联网、大数据、云计算、移动互联、人工智能等为主要特征的信息技术和科技手段与我国农业、农村与农民深入跨界融合,为我国由传统农业向现代化农业实现转型升级不断积蓄力量。

二、信息技术是农业全产业链优化的重要动力

从农业全产业链来看,信息技术与现代农业全产业链的跨界融合,正在助推农业全产业链不断改造和升级,不断提升我国农业生产智能化、经营网络化、管理数据化和服务在线化的水平。

第一,物联网是新兴的信息技术,将它应用在农业生产领域便实现了农业控制的自动化、农业管理的智能化,让中国农业生产效率迈上了新的台阶。物联网技术基于信息感知设备和数据采集系统获取作物生长的各种环境因子信息(感知层),结合无线和有线网络等完成信息的传送与共享(传输层),将信息保存到信息服务平台(平台层),基于模型分析,通过计算机技术与自动化控制技术实现对作物生长的精准调控以及病虫害防治(应用层),降低农业资源和劳动力成本,提高农业生产效率。近年来,随着传感器等硬件价格的不断下降,通信网络、云计算和智能处理技术的革新和进步,物联网迎来了快速发展期。物联网未来在农业生产领域将发挥越来越重要的作用。

第二,电子商务是依托网络信息技术实现的商品交换等活动,它有着突出的商务性质。电子商务在农产品经营领域的应用可以说革新了传统的农产品经营方式,它让农产品的经营不再受到时间、空间等方面的制约。在农村经济发展方面,农业电子商务已经成为不可小觑的推动力量。首先,电子商务令农产品经营网络化的脚步进一步加快,它让农产品有了更加便捷的销售渠道,有效提升了农产品销售量。销售量的提升使得农产品必须足量生产,这就迫使农业生产的规模日益扩大、程序日渐标准,让农产品本身的质量效益得到了提升,而这些发展无疑会让农民的腰包变得更"鼓"。其次,电子商务的出现令农业生产和国内总体的市场环境实现了高效对接,让农民及时了解市场供求情况,并能够根据市场行情对自身生产结构进行调整,避免农产品生产出来后出现滞销等问题,这样一来,农业生产效率就会得到

大幅提升。最后,电子商务令农产品分销渠道得到有效拓宽,这无疑在打开农产品销路方面做出了突出的贡献,能够令农业生产者以更加饱满的热情投入到农业生产之中。目前,在全球范围内,无论是从电子商务市场的规模还是从其发展速度方面来说,我国都居于前列。

第三,大数据是海量数据的集合,作为国家基础性战略资源,大数据已发展为发现新知识、创造新价值、提升新能力的新一代信息技术和服务业态。农业大数据作为大数据的重要实践,正在加速我国农业农村服务体系的革新。借助农业大数据技术对农业各主要生产领域在生产过程中采集的大量数据进行分析处理,可以提供"精准化"的农资配方、"智慧化"的管理决策和设施控制,达到农业增产、农民增收的目的;基于农村大数据技术的电子政务系统管理,可以提升政府办事效能,提高政务工作效率和公共服务水平;基于农业农村海量数据监测统计和关联分析,实现对当前农业形势的科学判断以及对未来形势的科学预判,为科学决策提供支撑,成为我国农业监测预警工作的主攻方向。目前,农业大数据在我国已具备了从概念到应用落地的条件,迎来了飞速发展的黄金机遇期。

三、精准农业令农业生产过程管理更加高效

对于当今社会的农业发展来说,信息技术已经成为无法忽视的重要影响要素。信息技术、互联网和农业耦合催生了精准农业,而精准农业又给农业生产带来了突出的影响。精准农业能够按照田间每一操作单元的环境条件和作物产量的时空差异性,精细准确地调整各种农艺措施,最大限度地优化水、肥、农药等投入的数量和时机,从而助力农户获得最高产量和最大经济效益,同时保护农业生态环境,保护土地等农业自然资源。

在农业生产全过程中信息技术逐渐展现出其优势。在产前阶段,通过传感器、卫星通信等感应导航技术,可以实现对农机作业的精准控制,提高农机作业效率;在产中阶段,通过精准变量施肥、打药控制技术,可以实现肥料的精确投放,提高肥料利用效率;在产后阶段,利用采摘机器人,可以实现对设施园艺作物果实的采摘,降低工人劳动强度和生产费用。

四、信息化助力农业领域突破发展瓶颈

20 世纪 80 年代,我国农业领域的发展可谓突飞猛进,农业综合生产能力相较以往而言有了大幅提升,但综合而言我国农业生产仍旧沿用着传统的生产方式。近年来,资源短缺、人口增长、生态污染等诸多因素都不利于

农业领域的可持续发展,唯有积极实现农业领域的结构调整、生产方式变革,才能够令我国农业发展突破当前的瓶颈,而农业信息化建设就是一条可行的道路。

第一,人口数量增长、资源迅速减少,这些都迫使我国进一步提升农业领域的生产能力。对传统的农业生产方式加以变革,就需要更新发展其生产技术,而在信息时代,信息技术可以成为助力农业生产能力提升的重要力量。当前,我国农业信息化建设取得初步成果,在信息网络、数据库、农业多媒体、精细农业等方面都取得了明显进步,令我国农业发展具有更高的效率和质量,为我国农业发展拓宽了道路,为未来的发展奠定了基础。

第二,我国农业属于弱势产业的范畴,不管是自然因素、人为因素还是市场因素、经济因素都会给其造成较大影响,并且相较于其他行业而言,它对信息有着更加强烈的需求。借助信息技术为农业领域设计开发市场价格预测系统、农产品供需分析系统、农业生产决策系统等,有利于让农业生产者更好地把握市场行情,能够在获取丰富信息的基础上做出较为科学、理性的决策,从而有效避免他们在农业生产方面面临较大的风险。

第三,农业生产者知识体系不完善、技术能力有待提升,并且他们没有利用信息资源的意识,无法对海量信息及先进技术加以有效利用,因此长期以来农业信息始终保持着较低的传播效率。信息进村入户工程,指的是借助多种服务途径令农民学会更好地应用现代信息技术,目前该工程已经成为一项重点农业工程,在处理农村信息化"最后一公里"问题方面发挥了极为重要的作用。目前,我国多个省份在县区建设了益农信息社,助力农民以更便捷、更现代的渠道获取农业相关领域的信息,并且切实打造出了符合农村现实情况的农业信息化商业运行模式。

第二节 "互联网＋农业经济"符合国家发展战略

信息化是当今世界发展的大趋势,是推动经济社会变革的重要力量。大力推进信息化,是事关我国现代化建设全局的战略举措,是贯彻落实国家网络强国战略、全面建成小康社会、构建社会主义和谐社会和建设创新型国家的迫切需要和必然选择。一直以来,党中央、国务院高度重视我国信息化发展,先后作出了一系列战略部署。党中央、国务院出台的多个文件把我国信息化建设和发展摆在重要位置,"互联网＋"已经上升为我国农业未来发展的重要方向和战略目标。

一、信息化发展战略部署

党的十八大首次将信息化列为"四化同步"重要内容之一,强调推动信息化与农业现代化、工业化和城镇化的深入融合,推进"四化"同步、协调、快速、健康发展。

农业信息化是国家信息化的重要组成部分。中共中央办公厅和国务院办公厅联合印发的《国家信息化发展战略纲要》中强调:培育互联网农业,建立健全智能化、网络化农业生产经营体系,加快农业产业化进程。健全农业信息监测预警和服务体系,提高农业生产全过程信息管理服务能力,确保国家粮食安全和农产品质量安全。我国农业信息化的发展和布局在全国范围内正在逐渐展开。

二、网络强国发展战略

科学技术是第一生产力,而网络信息技术已经成为人类社会发展最前沿的科学技术。没有网络安全就没有国家安全,没有信息化就没有现代化。网络安全和信息化是一体之两翼、驱动之双轮。信息化对网络安全具有重要影响,网络安全对于信息化有着鲜明的驱动作用。

党的十八届五中全会站在未来发展的战略高度,建议将网络强国战略纳入"十三五"规划的战略体系之中。《中共中央关于制定国民经济和社会发展第十四个五年规划的建议》正式提出实施网络强国战略,加快构建高速、移动、安全、泛在的新一代信息基础设施。并且围绕农业信息化建设提出加快补齐农业信息化短板,全面加强农村信息化能力建设,建立空间化、智能化的新型农村统计信息综合服务系统。着力发展精准农业、智慧农业,提高农业生产智能化、经营网络化、管理数据化、服务在线化水平,促进农业转型升级和农民持续增收,为加快农业现代化发展提供强大的创新动力。自此,农业信息化作为我国社会经济发展的主攻方向,被提上了重要议程。

三、"互联网＋"行动计划

"互联网＋"是把互联网的创新成果与经济社会各领域深度融合,推动技术进步、效率提升和组织变革,提升实体经济创新力和生产力,形成更广泛的以互联网为基础设施和创新要素的经济社会发展新形态。

　　2015 年 3 月 5 日,第十三届全国人民代表大会第四次会议政府工作报告第一次将"互联网＋"行动提升至国家战略,提出制定"互联网＋"行动计划,推动移动互联网、云计算、大数据、物联网等与现代制造业结合,促进电子商务、工业互联网和互联网金融健康发展,引导互联网企业拓展。同时,还指出,将"互联网＋"作为信息化战略的重要组成部分深化改造传统农业,成为中国农业必须跨越的门槛。

　　2015 年 7 月,国务院颁布了《关于积极推进"互联网＋"行动的指导意见》,吹响了全面推进"互联网＋"行动的号角。将"互联网＋"现代农业作为11 项重点行动之一,明确提出利用互联网提升农业生产、经营、管理和服务水平,促进实现农业现代化水平明显提升的总体目标,部署了构建新型农业生产经营体系、发展精准化生产方式、提升网络化服务水平、完善农副产品质量安全追溯体系等 4 项具体任务。

　　党的十八届五中全会提出,要拓展发展新空间,用发展新空间培育发展新动力,用发展新动力开辟发展新空间。其中,把"互联网＋"列入"十三五"规划产业的发展主线,提出拓展网络经济空间,实施"互联网＋"行动计划,发展物联网技术和应用,发展分享经济,促进互联网和经济社会融合发展。实施国家大数据战略,推进数据资源开放共享。

　　2021 年 2 月 21 日,《中共中央国务院关于全面推进乡村振兴加快农业农村现代化的意见》正式对外发布。《意见》提出,到 2025 年,农业农村现代化取得重要进展,农业基础设施现代化迈上新台阶,农村生活设施便利化初步实现。农业基础更加稳固,粮食和重要农产品供应保障更加有力,农业生产结构和区域布局明显优化,现代乡村产业体系基本形成,有条件的地区率先基本实现农业现代化。

第三节 "互联网＋农业经济"的成效初显

一、生产信息化提升了农业生产智能化水平

　　农业是一个国家的基础产业,它极大地影响着国家发展及人民生活,因此推动农业实现智慧化、信息化发展有着非常重要的意义。将物联网技术与农业生产、农业研究结合起来,能够有效推动农业对信息化技术的应用,实现农业的现代化发展。将物联网应用在农业领域,令传统的农业经营管理方式发生了变革,让农业生产者能够借助科学知识来预防各种动植物的

疫病等,这也有效保证了最终生产出来的农产品的质量,促使农业走上可持续发展的道路。

国家物联网应用示范工程智能农业项目和农业物联网区域试验工程建设目前正在积极推进,是我国在建设农业信息化道路上的重要探索之一,已经取得重要阶段性成效。我国已经在黑龙江、江苏、内蒙古、新疆、北京等多地相继开展了国家农业物联网应用示范工程,同时在天津、上海、安徽等地开展了农业物联网区域试验工程,总结推广了几百项农业物联网软硬件产品、技术和模式,节本增效作用凸显。

物联网在农业诸多领域的应用及渗透,令农业智能化水平提升至新的高度。在大田种植领域,物联网在水稻智能催芽、农机精准作业、"四情"监测等方面的广泛运用,令农业生产设备具有了突出的智能性、数字性,让农业在诸多方面的投入有了更高的利用效率,并且有利于生态环境的保护及净化,让农产品在产量、品质方面都有明显提升。在畜禽养殖领域,畜禽养殖物联网在畜禽体征监测、科学繁育、精准饲喂、疫病预警等方面被广泛应用。如所建设的"物联牧场"工程,实现了畜禽养殖的身份智能识别、体征智能监测、环境智能监控、饲喂护理智能决策。在水产养殖方面,水产养殖物联网在水体监控、精准投喂、鱼病预警、远程诊断等方面大得到了规模应用。如将物联网设备用于养殖水质实时监控、工厂化养殖监测、水产品质量安全追溯、养殖专家在线指导等方面,实现养殖全产业链的监控和重点养殖区养殖生产的智能化管理,有效提高水产养殖生产效率,促进水产养殖业转型升级。在设施园艺方面,设施园艺物联网在环境监控、生理监测、水肥一体化、病虫害预测预警等方面实现智能化水平明显提升。

此外,在物联网公共服务平台建设方面,推动了农业物联网公共服务平台逐步完善和标准化,为农业物联网技术应用、集成创新、仿真测试、主体服务提供了良好的硬件设施和软件环境,先后接入了北京市农林科学院设施云公共服务平台、中国农业大学水产物联网平台、天津奶牛养殖物联网应用平台、黑龙江农垦精准农业物联网应用平台、江苏水产养殖物联网应用平台、安徽小麦"四情"物联网监测平台、山东设施蔬菜物联网应用平台等国内领先的农业物联网应用服务系统。

二、经营网络化加速了农产品电子商务发展

农业在我国由来已久,毫无疑问它隶属于传统行业,它有着鲜明的特点,例如有着突出的季节性、地域性特征,产品标准不固定,农业生产者不集

中且素质有待提升等。另外,农业还需要承担各种可能给其带来打击的市场风险和自然风险。电子商务是信息化时代兴起的一种商务活动,它将电子数据传输技术作为重要支撑,它能够令农业商务活动不再受到时间、空间等方面的制约。农业电子商务的出现,令原本在线下的农产品交易转移至网络上进行,这为农业产业化的发展提供了重要推动力,对农村经济发展起到了重要促进作用。

农业电子商务实现了突飞猛进的发展,它在电商领域可谓异军突起。农业电子商务的发展为我国农业走上产业化道路提供了强劲动力。农产品电子商务以飞快的速度实现自身发展,大量电商平台开始涌现,农产品电商模式也不再单一,而是开启了模式创新之路。在此种背景下,我国的农产品电商正在逐渐形成本地与外地同步发展、东中西部激烈竞争、农产品进入都市与工业品走入农村的总体发展格局。

农产品质量安全追溯体系的形成为农产品电子商务的迅速发展提供了重要保障和强力支撑。从技术角度来说,二维码技术成为农产品的身份证明,移动终端的扫码引擎结合移动互联网、WiFi 应用环境,配合平台数据库、云计算等形成数字防伪系统,这些从技术层面为农产品质量安全信息追溯提供了重要保证。在主客体层面,追溯体系开始用于质量安全管理、产销管理、渠道推广和品牌经营,基地直供、基地加工、基地营销式企业追溯体系覆盖的农产品正在逐步增加。在标准制订层面,《农产品质量安全追溯操作规程通则》《食品可追溯性通用规范》和《食品追溯信息编码与标识规范》等标准以及多项行业标准,为规范追溯体系建设创造了基础性的条件。在监管服务层面,除了建立群众举报、投诉渠道外,政府主管部门还专门搭建并向用户开放了 12312 产品追溯管理服务平台、成立了国家 OID 注册中心和 OID 公共服务平台等。农产品追溯体系建设不断完善,最终实现农副产品从农田到餐桌的全过程可追溯,保障"舌尖上的安全"。

此外,农业生产资料、休闲农业及民宿旅游电子商务平台和模式不断涌现,丰富了我国电商发展的模式和理论;农产品网上期货交易稳步发展,批发市场电子交易逐步推广,促进了大宗商品交易市场电子商务发展;新型农业经营主体信息化应用的广度和深度不断拓展,大大提升了我国农业产业化经营水平。

三、信息化管理、服务和基础支撑能力不断加强

农业大数据在农业农村管理方面发挥着重要作用,它有效地推动着我国农业的现代化进程,并日益成为我国农业实现现代化发展所不可缺少的基础资源。

农业管理信息化不断深化,初步实现了农业管理过程的规范化、自动化和智能化。一是金农工程建设成效显著,多个行业应用系统、国家农业数据中心及多个省级农业数据中心、延伸到部分地市县的视频会议系统等。信息系统已覆盖农业行业统计监测、监管评估、信息管理、预警防控、指挥调度、行政执法、行政办公等多项重要业务。部省之间、行业之间业务协同能力明显增强。二是农业农村部行政审批事项全部实现网上办理,信息化对种子、农药、兽药等农资市场监管能力的支撑作用日益强化。三是建成了中国渔政管理指挥系统和海洋渔船安全通信保障系统,有效促进了渔船管理流程的规范化和"船、港、人"管理的精准化。四是农业数据采集、分析、发布、服务的在线化水平不断提升,市场监测预警的及时性、准确性明显提高,创立中国农业展望制度,持续发布《中国农业展望报告》,并且其影响力正在不断增强。

农业服务信息化迈上新的层级,我国农业信息服务在平台、机构、服务体系等方面都趋于完善。首先,"三农"信息服务的组织体系和工作体系不断完善,初步形成政府统筹、部门协作、社会参与的多元化、市场化推进格局,实现了由单一生产向综合全面、由泛化复杂向精准便捷、由固定网络向移动互联的转变。其次,12316"三农"综合信息服务中央平台投入运行,形成了部省协同服务网络,服务范围覆盖到全国。最后,启动实施信息进村入户试点,实施信息进村入户工作,整省推进,公益服务、便民服务、电子商务和培训体验已经进到村、落到户,信息惠农的广度和深度不断拓展。

农业基础支撑能力明显增强,持续支撑我国农业农村信息化建设。一是部省地市县五级贯通的农业网站群基本建成,农村互联网普及率有了大幅提升。二是农业信息化科研体系初步形成,大批科研院所、高等院校、IT企业相继建立了涉农信息技术研发机构,研发推出了一批核心关键技术产品,科技创新能力明显增强。三是农业监测预警团队和信息员队伍初具规模,以政府引导、市场主体的市场化、可持续运营机制初步建立。农业信息化标准体系建设有序推进,启动了一批国家、行业标准制修订项目,初步构建了农业信息化评价指标体系。

第四节 "互联网＋"时代我国农业经济面临的机遇与选择

在"互联网＋"时代,人们在思维层面相较以往来说发生了明显改变,开始更加注重共享、创新、开放、融合等。互联网思维植根于人们的头脑之中,人们真正从思维层面注重线上与线下两方面的融合,意味着互联网已经开启了新的发展历程。在"互联网＋"的技术支撑和驱动下,真正构建起管理协同、产品高质、信息服务、资源节约、保护环境的现代农业体系,是如今我国农业的主要发展方向。在网络强国战略、"四化同步"的实施逐渐深入的今天,信息化和农业领域的耦合,为农业领域的管理、生产、服务、经营等方面提供了前所未有的重要契机。

一、"互联网＋"时代农业具有全新发展机遇

在"互联网＋"时代,传统农业的生产和发展方式不断发生变革,与当今社会的农业新思想、新技术耦合起来,让农业领域充满了生机与活力。农业与信息化、现代化等方面的结合,令其生产方式发生了明显变化,为农业的可持续发展奠定了重要基础。在此种背景下,农业资源能够得到合理利用,农业发展也不会给生态环境造成不可逆转性损害。

在传统的农业生产方式中,生产者为了提高农产品产量,往往会选择使用高投入高产出的方式,而在当今时代,生产者更倾向于借助网络技术来实现农产品的提质增量。在传统农业生产过程中,生产者为了得到更大的产量往往会在人力和生产资料方面投入更多,这不仅让投入资源的利用率降低,同时也给生态环境造成了极为严重的破坏。在网络技术如此发达的今天,农业生产者也更加注重对信息化手段的利用,试图通过信息技术手段来提升农业生产活动的科学性、有效性,将传统农业真正转化为现代的精准型农业,让农业生产从原本的蒙昧状态摆脱出来,真正打造出符合现代社会发展要求的新型农业生产模式。精准农业是现代农业发展的重要主题,它涵盖了诸多方面,例如精细种植、精细加工、精细养殖等。相较于传统农业来说,精准农业更善于利用现代信息技术来实现农业领域的精准耕作,从而力争最大限度地获取农业收益。精准农业的关键价值就是它能够为生产者提供全方位信息服务,让生产者了解到更多科学、准确、前沿的农业发展信息及资讯,让生产者在科学信息的指导下进行科学、标准的农业生产劳动,消除阻碍农产品质量及农业生产效率提升的本质因素。

"互联网＋"时代农业不断革新发展其产业结构,这赋予了农业经营管理全新的推动力。第一,信息化和电商平台深化融合,为农业的生产和销售提供精准信息,促使农业和我国的第二产业、第三产业实现融合发展。基于电商平台,依托农业大数据为大宗农产品采购商复位,结合农村金融和产业保险服务,实现农业生产者、产品采购商和乡村合作社的合作共赢。第二,信息化与农业产业链加速融合,通过优化资源配置,破解农业供给侧结构性改革难题。目前,我国农业领域尚待完善,它在农产品质量、农业生产效益方面存在着较为突出的问题,并且相较于一些发达国家来说,我国农产品定

价偏高,从而不易受到消费者的青睐。在"互联网+"时代,信息技术在农业领域的应用让农产品质量得到了有效提升,进一步提高了生产效率,从而有效提升了农业生产效益,加之在溯源体系、保障体系、资源配置等方面的改进和优化,令农业领域实现了质的提升,让土地产出率和农业生产率都有了突出进步。三是信息化与农产品流通加速融合,通过提升农产品流通效率,促进经济增长方式转变。造成农产品流通中效率低下和损耗问题的原因很多,例如信息流通受阻、中间步骤烦琐、传统操作模式的落后、农产品本身不易储存等,"互联网+"现代农业基于平台模式,简化流通中的烦琐过程,达到信息的有效沟通和管理,从而解决效率低下和损耗问题。

"互联网+"现代农业正在转变传统政务管理方式,为全面提升我国农业政务管理服务水平提供了新途径。网络环境下电子政务的推行,使政府部门的管理观念发生变化,政府职能从管理型转向管理服务型。首先,在管理方式和服务方面,电子政务打破了传统的政府办公管理方式,其工作机制、工作方法、工作思路都有很大程度的改变。其次,在管理效能方面,经过电子政务改造后的政府,将全面提升行政人员的管理能力,提高行政运行效率,简化行政运行程序,从而降低行政运作的成本。电子政务改变了现有环境下政府的角色,以更有效的行政流程,为公众提供高效服务,加速政府与民众的沟通。最后,在管理决策方面,网络环境下的数据库建设和计算机决策支持系统,将全面提高政府决策水平。服务型政府的理念借助网络手段在现实世界中得以贯彻,政府在公共管理中服务者的角色最终得到强化。

"互联网+"现代农业正在改善农业信息服务体系建设,为提升我国农业信息服务水平提供了新范式。一是通过推进信息进村入户试点工作,加快完善农业信息服务体系。2014年以来,农业农村部开展了信息进村入户工作,以建设村级信息服务站益农信息社为重点,为农民提供信息服务,促进现代农业发展和农民增收致富。二是通过"12316"热线电话和手机 APP 联系农业专家,进一步缩短农民和专家之间的距离,让农民有问题可以第一时间找到身边的专家,及时获得技术服务,解决农业生产经营等方面的难题。三是通过在全国范围内开展农民手机应用技能培训,力争大幅提升农民查询信息的能力、网络营销的能力、获取服务的能力和便捷生活的能力,打通农业农村信息服务"最后一公里",最终实现农业农村信息化"弯道超车",城乡协同发展。

二、"互联网+"时代信息化与农业结合成为必然选择

当前,我国农业发展面临着日益突出的资源环境瓶颈约束,在此种背景下,若是我国仍旧沿用传统的小农经济,走高资源投入、劳动密集、环境高排放的发展道路,那么定然是与现代农业经济发展的趋势相违背的。唯有顺

利实现农业产业结构的变革升级,才能够让我国农业走上符合时代要求的正确道路。随着我国城镇化进程的快速落实,大量农村劳动力涌入城市,因此未来我国要在社会主义新农村建设、现代化农民培育、农业信息化发展方面推行改革,加快农业现代化发展脚步。当前中国经济呈现出新常态,新常态的发展也离不开动力支撑,而在这方面,互联网成为人们应当重视的关键因素。信息化和农业的耦合为我国农业步入现代化发展道路、增强农业发展效率和可持续性提供了重要保证,并且已经成为当前我国农业发展面临的必然选择。

第一,在信息资源获取方面的不对称是导致城乡之间出现差距的重要因素,在"互联网＋"时代,积极运用网络思维对农业相关信息进行整合,成为解决城乡信息不对称问题的有效方法。

受信息不对称问题的影响,我国农业生产者在生产经营实践中无法以当前的市场需求为依据对产量、生产结构等方面做出对应调整,他们只能在信息匮乏的条件下做出带有盲目性的决策,这样就有可能带来一系列不良后果——低价竞争、低水平重复等,要么最终的农产品产量远远多于市场所需,要么产量较低无法给市场提供充足的农产品。近年来,不少农产品的市场价格出现大幅的涨落现象,这其实就是信息不对称致使农业生产者做出错误的生产决策所造成的。近年来,我国不断优化和完善农业监测预警体系,农业信息发布制度也得到了进一步完善,这些都有效缓解了信息不对称的问题。信息不对称不仅体现在市场需求方面,还体现在科技、政策等方面。城乡在科技信息获取方面存在着不对称问题,农业生产者无法及时获取最新科技知识及资讯,故而无法将最新的农业技术成果应用在农业生产活动中,致使农业生产活动始终停留在原本的层面,无法做到与时俱进;另外,信息获取不到位使得农业生产者无法对化肥、农药等的效果和作用做出准确的判断,在这种情况下他们往往会蒙受欺骗购买一些假化肥、假农药等,而这些假货又严重损害着农产品的质量,不利于农产品后期的销售。在政策信息方面同样存在着信息不对称问题,农业生产者无法及时获知党和政府所颁布的各项农业相关的措施、政策,使得农民在农业领域的观念仍旧趋于守旧,并且无法将政策、举措对农民的激励性充分发挥出来。当前,政府通过推进信息进村入户,建设农业大数据仓库,使得农民可以依托网络平台方便地获得"三农"政策、农业技术、农资产品、农产品市场、城市用工等各种信息,并可以与相关人员进行双向交流。互联网在农村地区的广泛应用协助农业生产者解决了信息不对称问题,令城乡之间在信息获取方面不再具有较大的差距。

第二,农业领域存在着资源配置错位问题,它不利于我国农业走上可持续发展道路。面对该问题,借助"互联网+"优化农业资源的整合与配置,是我国农业发展的一条可行道路。

目前,农村资源大量涌入城市,这些资源不仅包括农产品资源、自然资源,还包括劳动力资源。而对照之下,城市资源却较少流入农村。互联网的出现和应用令这一情况发生了转变。首先,电子商务的发展令农村有了更加广阔的创新空间和创业空间,在一定程度上起到了人才回流作用,即吸引那些在城市的高质量人才回到农村,为推动农村农业的发展贡献力量。当前,农村创业的主流人员是新农民群体,他们充分利用电商平台、互联网等发展农村农业经济,为农村的创新创业做出了榜样示范。其次,互联网金融的出现缓解了农村流失金融资源的问题。很多互联网金融企业把城市闲余资金募集起来发放至农村地区,即借贷给农村中有资金需求的人。这些互联网金融企业令原本的金融流动方向发生变化,农村地区、西部地区所获得的金融资源逐渐增多。相较以往而言,有了这些金融资源的支持,农民在贷款、支付结算方面都变得更加顺利。最后,借助互联网营销对乡村旅游项目进行开发及拓展,是农业发展道路多元化趋势的彰显。农村旅游项目的发展有效地增加了农村旅游客流量,让原本倾向于去国外、去城市旅游的游客将旅游的目的地转移至农村。部分村庄重点发展旅游产业并取得了可喜成绩,推动村庄经济取得了跨越式发展,为农村面貌改善做出了突出的贡献。

第三,农民文化水平偏低拖慢了新农村建设进程,而互联网的普及使得政府及企业等可以通过多元化的媒体传播方式将农业相关政策和知识推送给农民,促使他们通过媒体渠道获取大量关于农业生产的知识及信息。这无疑能够扩展农民的知识体系,开阔农民的现代视野,提升农民的文化水平。首先,网络课堂、远程教育赋予了农民更多的学习机会,为农民提供了新型学习渠道,农民通过互联网就可以丰富知识、借鉴经验、解决问题,从而给实际的农业生产以更好的指导。其次,农民通过网络可以获取农业资讯,收看线上的各种电影、电视剧等,并可以通过线上购物的方式获取到自己所需的书籍、资料等,这些都有效地丰富了农民的精神世界,让他们有机会获得和城市居民同等的学习机会。最后,农民通过手机可以迅速获取到最新的气象信息、农情信息,从而以这些信息为依据对接下来的农事活动做出合理安排。相关部门可以开设信息化培训班,将手机应用技能、基本的信息化技能传授给农民,让他们掌握最新的信息技术,并能够将这些技术应用在农村的生产生活中,对农村的社会及经济发展起到有效的推动作用。

抢占农业现代化的制高点，将信息化与现代农业的深度融合作为驱动农业"跨越发展"、助力农民"弯道超车"、缩小城乡"数字鸿沟"的新动能，已经成为当今农业农村工作者的共识。在部署农业供给侧结构性改革的工作时，要以发展电子商务为重点提高农产品流通效率，把发展农产品电子商务作为推动农业市场化、法治化、国际化、趋向标准化、促进规模化、提升组织化、引领品牌化的重要举措，抓好市场信息服务、试点示范和信息进村入户工作，利用互联网等现代信息技术推动农业转型升级，让"互联网＋"现代农业成为现实。

第二章 "互联网+"时代背景下农业产业链的整合

第一节 "互联网+"时代农业产业链整合的内涵及环节

一、产业链整合的内涵

产业链是一个纵向产业结构,它涵盖了产品生产的所有过程与环节,包括原料生产、加工、运输、销售等。产业链上的各个组成部分呈现出分离和集聚并存的趋势,它们存在着技术层次、增值与盈利能力的差异性,因而就有关键环节和一般环节之分。产业链的瓶颈是指产业链中能够严重影响整个产业链条的关键产业环节。在特定的条件下,对这些关键产业环节加以掌控就能够实现对整个产业的掌控。从纵向方向来说,产业链瓶颈通常情况下就是关键控制点。关键控制点的数量是不固定的,或单个或多个,不同行业、不同环境下其数量也会有所差别。若是在产业链中,关键控制点的数目较多,那么产业整合者就要实现多点的组合控制,以让自己更好地掌控整个产业链。

产业链整合是指通过产业链来改变公司之间、公司和经销商之间的关系和制度安排,进而实现产业链内部不同经济活动和不同环节间的协调,是企业根据经济环境的变化对分工制度安排进一步整合的过程。交易成本和收益会影响产业链上下游企业具体采用何种纵向关系来做出不同产业链整合的制度安排,产业链分工制度安排也会随着交易成本和收益的变化而不断整合。从产业链的形成以及具体产业的发展来说,不能仅仅从宏观的角度泛泛而谈,更要从微观的角度,即对产业链内部分工制度安排的选择及整合加以关注。只有把分工的组织形式协调好,产业链整合作用的发挥才会具备微观基础。

二、农业产业链关键环节的整合

借鉴全球最具权威性的关于产业国际竞争力的研究机构——瑞士洛桑

国际管理发展学院(IMD)和世界经济论坛(WEF)在整合国际竞争力时采用的多指标体系评价方法来对我国的农业产业安全进行评价。目前学术界关于经济安全和产业安全的研究文献大都是以这一方法来整合相关的指标变量,并以此为基础进一步构建评价模型。

本文采用的农业产业链安全模型为:

(1) $\qquad S = \alpha X + \beta Y + \gamma Z + \delta W + \xi H$

其中,S 代表产业安全度,X 为产业链的生产资料环节,Y 为产业链的种植养殖环节,Z 为产业链的批发环节,W 为产业链的加工环节,H 为产业链的零售环节。α、β、γ、δ、ξ 分别为各个产业链环节安全评价的系数,且 $\alpha + \beta + \gamma + \delta + \xi = 1$。

(2) $\qquad X = \Sigma a_i x_i$

(3) $\qquad Y = \Sigma b_i y_i$

(4) $\qquad Z = \Sigma c_k z_k$

(5) $\qquad W = \Sigma d_l w_l$

(6) $\qquad H = \Sigma e_m h_m$

其中,x_i、y_i、z_k、w_l、h_m 分别为 X、Y、Z、W、H 各个产业环节的评价指标,且其前面的系数 a_i、b_i、c_k、d_l、e_m 分别为对应指标的权重值,将(2)至(6)式带入(1)式,可得:

(7) $\qquad S = \alpha \Sigma a_i x_i + \beta \Sigma b_i y_i + \gamma \Sigma c_k z_k + \delta \Sigma d_l w_l + \xi \Sigma e_m h_m$

根据(7)式,可以确定各个产业环节对于整体产业安全的影响程度,而其中对于产业链安全影响较大的关键产业环节的产业安全则是重中之重。对于产业链关键环节来讲,其在产业链安全中的比重大于一般环节。根据产业链关键环节的特征选取产业环节集中度、产业环节的可控性和不可替代性作为产业链关键环节的评价指标。

产业整合者对产业关键控制点实施有效控制后,能够通过恰当方式对关键点所输出的中间产品的价格、产量等进行调整,从而间接实现对下游厂商竞争情况、生成成本等的调节和控制。另外,对关键点上游产品的商品价格、购买件数等加以控制,也会给上游生产厂商的生产要素配置等方面造成突出影响。如此一来,产业整合者仅仅需要对产业关键控制点加以控制,就能够将此种控制的作用力传导至产业链的上游和下游,也就是间接地实现了对产业链整体的控制。下面对产业环节和关键控制点的关系加以阐述。

首先,各产业环节市场集中度的情况影响并决定着该行业竞争性的大小,通常来说产业集中度和行业竞争性是成反比的,若是集中度不高,那么就意味着该行业具有突出的竞争性,外部资本控制该环节的难度就会降低,如此一来,产业就会变得十分脆弱,其安全性会受到极大影响。产业关键环节也具有鲜明的垄断性,其垄断具体涵盖了下列几种类型:一是资源垄断。之所以会出现资源垄断的问题,是因为资源本身量少,且多集中在某个产地,分布范围比较局限。二是技术垄断。在部分资源充足的产业,产业的控制点往往是产业关键技术。若是产业链的部分环节有着较高的技术壁垒,并且该技术具体决定着产品的价值大小,那么该技术往往就会变为产业的关键控制点。三是销售渠道垄断。在一定条件下,销售渠道也会成为一个产业的瓶颈因素,也就是会成为产业的关键控制点。而在农业产业链中,其关键环节主要指的是生产原料环节,例如种子、种苗等。农业是国之根本,是强国之基,而种子又是农业生产的基础所在,是农业发展不可缺少的特殊商品。根据农业发展史可知,在农业生产领域,种子始终是最为基本的生产资料,是农业中其他要素和技术发挥作用的重要载体,也是增加农产品产量、提高农业生产活动效益的关键方面。

其次,产业环节要具备一定的可控制性。产业的关键控制点必定是可以用人力或者是财力等加以控制的,这是它成为关键点的必要条件。详细而言,若是产业资源量少,地域分布较为分散,那么它就不具有可控性;从中间产品生产的角度而言,若是在产能方面面临着瓶颈,但是如果通过设备更新优化等手段能迅速令产能得到提升,那么它也不具有可控性;从技术层面而言,若是该技术具有十分突出的可模仿性、可替代性,那么它也不具有可控性。这里主要使用技术强度指标来代替。农业产业链中深加工和销售是第二个产业瓶颈。农产品经过精深加工,既可以实现价值增值,又有利于开拓市场。我国食物资源丰富,粮食、油料、蔬菜、水果、肉类和水产品等农产品产量均居世界首位,但是以这些农产品为原料的食品加工、转化增值程度偏低。中国农产品加工总量不足,直接导致加工总产值偏低。食品加工行业投资大,技术要求高,而且对于农业产业链的控制性也较强。而农产品加工环节恰恰是我国农业产业链的薄弱环节。

最后,产业环节的可替代性不强。产业关键控制点所占有的资源或生产的产品可替代性不强。若是其生产的产品能够轻易地被其他产品所取代,那么它就失去了成为关键控制点的条件。在整个农业产业链之中,种子、加工、零售等都是在较短的时间内无法被其他环节所轻易取代的。若是外资能够实现对这些环节的控制,那么也就意味着总体的农业产业链需要受到外资的牵制。需要注意的是,产业形态中突出的地方越大,受瓶颈控制越强,行业内的竞争强度越高,在产业链中的地位和价值也就越低。

根据分析可知,种子及种苗环节、加工环节、零售环节等是我国农业产业链的关键环节。详见下图 2-1。

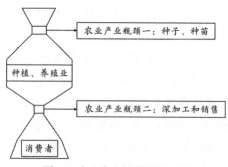

图2-1 农业产业链的关键环节

第二节 "互联网＋"时代农业产业链的战略模式及战略要素

一、"互联网＋"时代农业产业链的战略模式

从制度经济学的角度看,产业链组织的形成是一种制度选择和制度创新,对此是需要付出成本的,这种成本是一种交易费用。市场结构通常是不完善的,企业具有以内部一体化替代市场组织的作用,能够以市场交易"内在化"来克服市场结构的缺陷。产业链组织中的"龙头"企业在资源配置方面起着支配作用,将市场交易内部化,可以节省交易费用。根据企业能力理论,任何企业不可能拥有无限的资源来支配整个农业产业链的各个环节,必须引进专业的经济实体以利益为纽带将产业链各环节连接起来,过去大多数产业化一条龙企业失败的根源就是单独一家企业支配着整个产业链,造成无法控制风险。多个产业链的成员企业作为一个个独立的经济体,又客观存在自我利益的追求,相互间在进行产品或服务供需交换、谋求共同战略利益的同时,也存在利益差异与冲突。因此,为了实现农业产业链合作企业的共同战略利益,使加盟产业链的企业都能受益,就必须形成一种长期合作

博弈的机制来加强成员企业间的合作,使得成员企业能够风险共担、利益共享。这种机制就是混合纵向一体化连接方式,就是以一家农业龙头企业为主进行产业链整合,按照专业、高效和运作经验的原则,将某些环节以某一利益主体独资、控股或参股的形式参与产业链各环节的投资经营,而又与其他利益主体在某一(些)功能环节以合同契约进行联结。

根据主导公司对产业链控制的程度,市场交易的复杂程度,以交易能力和供应能力为标准,将农业产业链的整合模式细分为五种,即市场型、模块型、关系型、领导型和层级型。这五种整合模式中市场型和层级型分别处于产业链行为主体间协调能力的最低端和最高端(见表2-1)。

表 2-1　产业链整合决定因素

产业链整合模式	交易的复杂程度	识别交易的能力	供应能力不对称程度	协调和权力
市场型	低	高	高	
模块型	高	高	高	低
关系型	高	低	高	↑
领导型	高	高	低	↓
层级型	高	低	低	高

产业链整合模式具体包括下列五种:一是模块型。将产业链的不同环节分开实行独立设计,并让与各环节匹配的不同企业在其对应环节发挥作用,最终做好所有环节的统一工作。该模式要求产业必须具备较高的标准化程度。二是关系型。若是不同企业在功能上是互补关系,那么它们可以合力完成产业链的部分关键环节,并一同对产品做出设计和定义。在网络环境下,各企业皆处于平等地位,在该前提下开展各项合作活动,各企业通力完成产业链环节中的重要任务。在农业领域,关系型整合模式往往通过大型加工企业和大型养殖企业的合作体现出来。三是领导型。在该模式下,企业掌控着对农户和经销商等的控制权,它们会对产品生产流程、产品特征等加以制定。四是层级型。即主导企业对产业链上的某些运行环节采取直接的股权控制,大型企业及其分支机构之间的关系就属于这一类。五是市场型关系。处于产业链上的企业不存在任何的隶属、控制等关系,纯粹是一种贸易关系。

这五种产业链整合模式阐明了权力在农业产业链中的运作模式。例如,在领导型产业链中,主导公司直接对供应商行使权力,这种直接控制表明了一种高度的外在协调和权力不对称关系。在关系型产业链中,公司间的权力平衡更加对称,并存在大量的外在协调。在模块型以及市场型产业链中,客户和供应商的转换相对比较容易,权力的不对称性相对较低。

产业链整合模式并不是静态的,即使在特定地点和特定时间内,农业产业链的整合模式也可能从一种模式转换为另一种模式(参见表2-2)。原因主要是:(1)当新的生产商获取新的产能时,权力关系可能会发生变化;(2)由于投资的转换,对于主导公司来说,创建和维持严格的层级型整合模式代价巨大;(3)企业和企业群往往并不局限于一条产业链,而可能是在多条产业链上运营,因此有可能把从一条链上学到的能力应用到其他产业链中。产业链整合模式的变化,可能会导致交易复杂程度、识别交易能力和供应能力等的变化。

表2-2 产业链整合模式变化的动态因素

产业链整合模式	交易的复杂程度	识别交易的能力	供应能力
市场型	低	高	高
模块型	高	高	高
关系型	高	低	高
领导型	高	高	低
层级型	高	低	低

二、产业链整合的战略要素

产业链整合与多个产业环节密切相关,例如原料、生产、零售等,产业链整合指的就是实现多于两个环节的整合。通常情况下,企业所拥有的人力、财力等都有一定的限度,因此在技术条件不发生变动的前提下,产业链整合就主要指的是对人力及资金的分配问题进行妥善处理。所以,在产业链整合中,重点需要处理的就是人力资源整合、技术整合、品牌整合、资本整合这几个方面。

一是人力资源整合。人力资源整合指的是打造产业链整合的优质人才队伍。产业链整合本身涉及多个产品环节,而每个环节都离不开人才的支撑。无论哪个环节因为缺乏人才而呈现出落后趋势,都会给总体的产业链整合工作造成极大的阻碍。可以说,没有人才队伍产业链就不复存在。由此可以知道,人才队伍对于产业链的顺利运行和管理而言极为重要。人才队伍一旦组建起来,就要共同朝着同样的目标努力,彼此团结协作、默契配合。

二是技术整合。技术链整合是产业链整合中的重要工作。技术链就是以农业产业链的各个环节为依据,秉承从农田到餐桌的整体管理理念,形成由生产、加工到销售的整个产业链技术的相互连接和相互支撑。在农业产业链整合中,技术因素发挥着决定性作用,唯有实现先进技术集成,才能够让企业以更快的速率实现产业链整合,助力企业获取更高收益。

三是品牌整合。在现代化社会,品牌已经成为企业的制胜法宝,因此,在激烈的市场竞争环境下,企业唯有树立起独树一帜的品牌,才能够持续增强自身的影响力,助力自身在市场上处于不败之地。农业产业链能否成功主要是由产业链的整体效益所决定的,而产业链的效益又是由"品牌+标准+规模"的经营体制所决定的。对于终端产品而言,品牌能够有效地提升其价值,但若是终端产品无法实现品牌溢价,那么整个产业链条的价值就无法实现有效增长,这就会增加农业产业链所面临的风险。传统农业产业链之所以会失败,其中一个原因在于各链条的行情风险无法因为品牌溢价而避免。标准化堪称品牌的一项重要保障,唯有严格地对标准加以落实,才能够确保品牌的溢价空间不被大幅压缩。有了品牌,企业才能实现对下游产业链的垂直整合。若是不树立品牌,那么企业在消费市场上就无法占据优势地位,更无法与消费者进行有效沟通,由此也就无法实现对整个产业链的有效掌控。

四是资本整合。我国会从实际情况出发调整宏观发展战略,优化现行的经济政策,我国企业也会对其投资及发展方向做出及时调整。但无论是国家还是企业,都逐渐地将资本运营作为重要的经营手段。企业要想扩大发展规模、增强企业实力,那么必不可免地就要进行资本运营。尤其是当企业陷入发展困境的时候,借助资本可能会令企业迅速摆脱困境。所以,很多企业在进行变革的时候,将寻求资本合作、调整产权结构作为重要的方面。目前,我国正处于经济发展转折阶段,在该背景下,抢占整合先机的企业往往能够在未来的变革发展过程中占据主导地位。

现代化的农业产业链是由一家企业建设还是由产业链条上每个产业主

体共同建设的？新产业组织理论广泛使用博弈论对企业的策略行为进行分析,发现信息不对称在产业链整合过程中增加了协调成本,令交易费用大大提高,而且各个不同的市场主体因为拥有各自的利益而存在双重加价的价格扭曲问题,每个主体在每个阶段都加上自己的价格——成本边际,导致整个产业链的利润大大降低,因此,应以龙头企业为主体,通过纵向一体化来建设完整的产业链条,这样可以做到责任明确、利益清楚、降低交易成本。农业产业链条上的市场主体众多,如工企业、经销商、农户等,从上文的论述可知,农业企业是农业产业链条中实力最强的主体。相对于其他主体而言,企业拥有更加超前的经营理念、更现代化的技术水平、更强大的资源整合能力和更高的市场营销水平,可见,农业企业和食品企业更容易建设成功的产业链。从整个链条的方便性上看,由于农业企业处于整个链条的中间,而且业务交叉更多,因此,农业龙头企业组建产业链最合适。

从产业链的上游到下游,是一个创造价值的过程。从原料的开采、加工,到中间若干个生产环节,到最终产品的销售,产品的价值不断增加。因此,产业链构成了一条创造价值的链条。中国农业产业链的困境,必然会转变为农业企业的战略困境。在这种产业背景之下,处于弱势产业的农业企业的困境会更加突出。以弱势农业产业为基础发展的农业企业遭遇到了一系列的问题:

第一,生产规模始终得不到扩张,在市场竞争中不占优势。长期以来我国实行的都是小农经济,农业经济主要靠千万个农户以及部分农业生产单位来实现运转,加之我国幅员辽阔,农村地区分布较广,农业企业具有突出的地域性,故而其不具备较强的可复制性。所以,从总体来看我国农业企业在经营方面具有分散性,并且市场占有率大多维持在较低的水平。当前,在全国范围内,农业产业化龙头企业占据着重要地位,它们共同搭建起中国的现代农业产业体系,为中国农产品有效供给等方面提供了重要的保障。但当前我国的龙头企业也面临着突出的困境,例如规模得不到有效扩张、创新能力有待提升、融资难度大、经济负担重等。这些龙头企业并未实现高程度的集聚,因而并没有形成较为完备的农业产业化链条。以果业龙头企业为例,流通标准混乱、流通链长、流通损耗大、流通效率低等困扰着企业的发展,导致果农因处于市场信息劣势而难以实现优质优价,消费者因中间流通环节多次加价不得不支付高额消费成本。与国内其他行业和发达国家农业企业相比,我国农业企业规模偏小。农业企业经营规模小,经营市场有限,进而造成企业竞争力不强,竞争优势不明显。不仅如此,农业企业规模小就必然更加依赖整个产业链的发展,产业链的任何一个环节出了问题就必然会转化为企业的战略危机,因此,通过一体化、战略联盟等各种方式不断整合产业链,既是扩大规模、确立竞争优势的重要法宝,也是农业企业做强做大的重要途径,更是突破历史和体制障碍,建设现代农业发展方式的重要出路。

第二,未制定明确战略,在产业链发展方面缺少科学、长期布局。不少农牧企业在顺利发展时期走多元化发展路线,一旦市场行情不符合预期,它们就会对自身的产业选择产生怀疑,或者直接选择放弃产业,或者是转移风险至下游企业。大部分农业企业存在的一个弊端是没有制定科学的战略规划,没有从战略高度为产业链做好布局工作。对于农业企业来说,要想突破战略方面的瓶颈,就要积极进行产业链整合运作。

第三,目前我国的农业产业仍旧属于弱势产业,尚未形成全国统一布局,物流运输致使农业成本大幅提升,产业链无法实现大幅增值。农业产业范围内的食品产业、农资产业、农业产业等,其产业发展情况在很大程度上取决于地域的自然气候情况,因而它们应当被归为弱势产业的范畴;另外,我国农业产业的分散布局十分不利于它们对公共资源加以利用。相较于其他产业而言,农业产业所生产的产品重量大、体积大、价值低,运输困难、运输成本昂贵,产业链不具备较大的增值空间。我国农业企业无法有效地控制农产品市场销售渠道,故而市场渠道商成为产业链增加值的获取方,产业链上的加工环节无法获取可观的价值。农业企业无法实现产品的深层次加工,而仅仅停留在农产品的生产和简单加工层面。除了食品饮料等处于农业产业链下游的企业能够对农产品进行较深层次的加工之外,其他上游甚至中游的农业企业都停留在较浅的生产加工层次,无法增加和获取产品的附加值,其收益自然得不到有效提升。

第四,农业企业在制度、技术方面存在滞后性,其创新能力有待提升。以饲料企业举例来说,因为企业产品存在着突出的同质化问题,想要通过技术创新实现突围需要耗费大量时间和精力,故而很多企业都对技术创新持消极态度,这样就导致他们缺乏自主创新能力。另外,农业企业在经营发展过程中的一个阻力是制度创新的缺乏。农业企业的基础是弱势农业,以之为基础的企业的经营战略制度更具有特殊性。农业企业的自主创新与其他工业企业相比具有较大的特殊性,其溢出效应大、经营链条长、市场风险大。

农业企业经营业绩不仅取决于种植和养殖,而且还取决于植物种类、动物品种、种植管理、养殖环节、化肥农业、饲料供应、粮食加工、动物屠宰、食品销售等漫长的产业链条。因此,产业链的创新就成为农业企业自主创新的重要方面。中国的农业产业本身是弱质产业,我国农业企业竞争力低的原因主要是农产品从千千万万个小农户手中收购,经加工环节进入国内市场或出口,而非进行全链条控制,产品质量难以保证。农资生产、种植、养殖基地、储藏运输、加工、销售等环节的农业产业链全链条的连接断裂,信息传导不畅,价值链错位,因此,不断整合产业链是农业企业自主创新的重要推动力力量。

第五,创新滞后,产品质量水平波动较大,面临着突出的市场风险。创新能力是助力企业获取竞争优势的重要能力,唯有通过创新,企业才能够生产出更优质、更具独特性的产品,并获取更高的客户价值。但在当前情况下,很多农业企业创新发展滞后,在产品生产方面更倾向于复制和模仿,故而无法形成自身的产品特色。农业产业具有一定的特殊性,因为大部分农产品是有生命的,在此基础上,出现农产品质量水平波动较大情况的原因是农业产业连接不紧密,无法实现对整个链条的控制,致使农产品之间在质量上存在着较大的差异。我国农业企业在产业链整合和机制创新方面与工业企业和国外农业企业存在巨大的差距。

第六,具有突出的资源依赖性,在很大程度上受政策影响,存在着较为严重的深层矛盾。农业企业的开办地点大多在农村,其发展在很大程度上受到自然资源、基础设施等的影响。与此同时,因为地区分割且发展不平衡、要素市场不健全和非农产业反哺能力较低等原因,农业企业的发展壮大还面临着许多障碍性因素。国家会依照现实情况及时对农业产业政策进行调整,所以农业企业要多关注政策信息,及时根据相关政策信息调整自身产业发展方向及战略。另外,各地方政府也会从当地现实情况出发制定最佳产业发展政策,所以农业企业要对政府发布的政策加以充分利用,并做好农业产业链整合工作,避免农业受到资源约束,力争获取政府方面的支持。通过调查研究可知,很多农业企业的管理人员都已经认识到了互联网与农业企业融合的重要性和必要性,并将这种融合视作重要发展机遇,但在现实发展过程中,他们却感到十分茫然,不知从何处着手把互联网引入企业中。具体而言,农业企业应当逐步将企业发展重心转移至产业链经营方面,站在时代的风口上,借助互联网令企业实现跨越式发展。产业发展和企业发展是相辅相成、彼此依赖的,一方的发展状况定然会给另一方的发展带来突出影响。若是农业产业发展陷入困境,那么定然会给农业企业的发展带来极大的阻碍。从本质上而言,农业企业的困境就是农业产业链的困境:长期以来我国在农业领域实行的是小农散养的生产方式,这使得农业产业链没有形成深厚、牢固的根基,不利于产业链中农业企业的长期发展,所以,农业产业要对产业链中较为薄弱的环节加以强化,对其薄弱环节进行扶持和帮助;产业链价值错位,养殖户和生产厂家的收益逐渐微薄,因此,应加强对饲料中间流通环节的整合;产业链薄弱是因为小企业众多,市场集中度低,所以企业要加大产业链整合,不断做强做大;产业链风险失控,产业链连接不恰当,产业链监控乏力,其原因就是农业企业缺乏对于产业链的战略整合。因此,企业的产业链整合成为企业战略突围的必然选择。

第三节 "互联网+"时代农业产业链的整体思路

农业产业链的概念源自产业经济学,是指在农业生产过程中,相对独立的经济组织基于共同利益和协作经营而形成的链条式合作关系。在我国社会主义新农村建设进程中,农业产业链是发挥关键作用的推动途径,产业链建设不仅能够提升农业产业的组织化程度,赋予农产品更强的增值能力,让农业生产更符合时代发展要求及市场需求,还能够在产品质量安全、标准化生产方面起到重要的推动作用,真正改变我国农业生产局面,让农业产业变得更集中、更精细、更具竞争力。另外,农业产业链的区域延伸能够让城乡之间的沟通变得更加密切,不再处于相对隔绝状态。对于现代农业而言,产业链经营是其关键特征之一,并且也是提升竞争力的有效方式,现代农业之间的竞争从本质上看就是基于产业链之间的竞争。

在产业链中,无论何种节点,都能够沿着周围节点进行延伸,这些延伸涉及多个方面,如生产、空间、技术等。节点的延伸能够让多个产业链彼此交错重叠,最终形成一个复杂但有序的产业网。从运筹学的角度而言,不同产业链的价值及重要性存在着差异,因此需要找出最优价值链。若是在探寻最优产业链方面的工作不到位,那么就会令整个产业链在时间、空间等方面存在突出的不合理性,由此一来,节点的拓展及延伸也就丧失了其意义。农业产业链模式就是农业产业链建构的标准式样,具有可复制性。目前,中国农业生产仍旧将农户家庭作为基本单位,这些家庭往往是分散分布的,给统筹规划造成了一定的困难,不利于农业生产的标准化、规范化发展,故而农业生产也无法在短期内实现一定规模的有效扩展。从政府的层面而言,需要考虑的一个重要问题是如何把农户纳入整个农业产业链,让他们也参与到加工贸易环节之中,并从中获取一定的收益。该问题的解决具有较大的难度,其原因在于很多农业生产者在农业产业化方面没有明确的目标和鲜明的动机,并且他们在产业链的延伸和拓展方面尚未形成明确的意识和主见,这就造成了一种尴尬的局面——政府在这方面费尽心思,但农业生产者却态度淡漠。长期以来,我国农业生产基本处于原地踏步状态,尽管相较以往而言有了一定提升,但从本质上来看仍旧未能突破农业产业发展瓶颈。之所以会出现这一问题,是因为政策未让农民看到产业链发展的前景,农民并未切身感受到产业链所带来的良好变化。因此,相关部门及人员必须利用农户的趋利性进行引导,让他们对建设产业链有信心和动力。

农业的自然属性决定了传统农业的弱质性是先天的,农业产业链的构建使农业不再是孤立的生产部门,而是以生物生产为中心涵盖产前产后多个环节在内的一体化经营体系,可以稳固我国国民经济的基础。农业产业链的升级是使产业链结构更加合理有效、产业环节之间联系更加紧密,进而使产业链运行效率和价值实现不断提高的转变过程,基于此,"互联网＋"中国产业链升级途径有三类:延伸、优化、整合。

一、"互联网＋"产业链延伸

以农业产业链延伸方向为依据,可以将其分为:前向延伸、后向延伸、横向延伸、纵向延伸。后向延伸较为常见,指的是从更深层次上实现对初级农产品的加工,目的在于提升产品的附加值。纵向延伸指的是着眼于实现各环节的高技术和高知识发展,横向延伸则着眼于农产品的深加工、产业环节的增加。农产品的区域延伸则是借助于现代信息平台和通达的物流网络进行空间拓展,在一定的范围内形成产业集群,这些产业之间能够相互依赖,优势互补。

二、"互联网＋"产业链优化

产业链的优化立足于整个产业链质量的提高,即引导产业链各环节向高技术、高知识、高资本密集、高附加值演进,体现为产业链的产业结构高度优化。这是我国产业链升级的一个重要方面。产业链主要包括物流、资金流和信息流,人们可通过相关措施使物流、资金流和信息流协调顺畅,以此来降低交易费用,获得产业链的整体效益。农业产业链的整合、引导和发展应以市场需要为导向,此外通过订单农业的推行来使加工企业和分散的农户形成稳定的契约关系,成为利益共同体。

三、"互联网＋"产业链整合

产业链整合指的是在把握当前市场需求及社会资源的前提条件下,合理地对产业链各环节的生产要素进行分配,确保不同环节间形成合理的比例关系,从本质上而言就是确保农业链条能够获取最大化的价值。产业链整合涵盖了多个方面,如物流整合、经营主体整合、信息流整合、价值流整合等。在对农业产业链进行整合的过程中,要注重协调利益机制,因为在相同的农业产业链上,各经济主体都会力争获取自身最大收益,它们之间是整合关系,若是做不好各环节的利益协调工作,那么定然不利于整个农业产业的发展,从而也就不能为农户增收。唯有构建起健康、和谐的利益机制,才能为农业产业链的顺利运行提供重要保障。另外,产业链中各成员应当努力提升农业产业链的信息化水平。通过信息参与和信息共享,产业链中各成员能够令产业链总体竞争力得到有效提升,从而令农业产业在行业之中更具竞争力,令产业链效益得到大幅提升。通过产业链的信息共享和提高产业链的信息化程度能够实现农产品价值的再次增值,因此,与农业相关的各个产业链组织都应该建立农产品信息链管理系统,如运输业通过建立农产品信息链管理系统,可以实现根据网上的交易数据来提前安排和组织运输,实现运输业和农业的互利共赢。现阶段,各行业应利用各种现有信息网络来实现信息的传递。

根据各地农业产业链形成基础、发展水平、市场化程度等的具体情况,建立多种形式的组织发展农业产业链。例如以公司为主体,以一种或几种农产品为核心,联合生产企业、农户,实现分担风险、共享收益的产业链组织形式;以订单为核心,依托专业市场,发展特色地域产品,建立产销一体化的产业链组织形式等。

"互联网＋"开创了大众参与的"众筹"模式,对我国农业现代化影响深远。一方面,"互联网＋"能够促进专业化分工、提高组织化程度、降低交易成本、优化资源配置、提高劳动生产率等,它正成为打破小农经济制约我国农业农村现代化枷锁的利器;另一方面,"互联网＋"通过便利化、实时化、感知化、物联化、智能化等手段，为农地确权、农技推广、农村金融、农村管理等提供精确、动态、科学的全方位信息服务，正成为现代农业跨越式发展的新引擎。"互联网＋"农业是一种革命性的产业模式创新，必将开启我国小农经济千年未有之大变局。

"互联网＋"助力智能农业和农村信息服务大提升。智能农业实现农业生产全过程的信息感知、智能决策、自动控制和精准管理，农业生产要素的配置更加合理化、农业从业者的服务更有针对性、农业生产经营的管理更加科学化，是今后现代农业发展的重要特征和基本方向。"互联网＋"集成智能农业技术体系与农村信息服务体系，助力智能农业和农村信息服务大提升。"互联网＋"助力国内外两个市场与两种资源大统筹。"互联网＋"基于开放数据、开放接口和开放平台，构建了一种"生态协同式"的产业创新机制，为消除我国农产品市场流通所面临的国内外双重压力，统筹我国农产品国内外两大市场、两种资源，提高农业竞争力，提供了一整套创造性的解决方案。

"互联网＋"助力农业农村"六次产业"大融合。"互联网＋"以农村一二三产业之间的融合渗透和交叉重组为路径，加速推动农业产业链延伸、农业多功能开发、农业门类范围拓展、农业发展方式转变，为打造城乡一二三产业融合的"六次产业"新业态，提供了信息网络支撑环境。

"互联网＋"助力打开农业科技大众创业、万众创新的新局面。以"互联网＋"为代表的新一代信息技术为确保国家粮食安全、确保农民增收、突破资源环境瓶颈的农业科技发展提供了新环境，使农业科技日益成为加快农业现代化的发展决定力量。基于"互联网＋"的"生态协同式"农业科技推广服务平台，将农业科研人才、技术推广人员、新型农业经营主体等有机结合起来，助力"大众创业、万众创新"。

"互联网＋"助力城乡统筹和新农村建设大发展。"互联网＋"具有打破信息不对称、优化资源配置、降低公共服务成本等优势，"互联网＋"农业能够低成本地把城市公共服务辐射到广大农村地区，能够提供跨城乡区域的创新服务，为实现文化、教育、卫生等公共资源方面的城乡均等化构筑新平台。

第四节 "互联网＋"时代农业产业链整合
面临的挑战与对策

要想持续、稳健地推动"互联网＋"时代农业产业链整合的高效发展，就需要对"互联网＋"农业产业链发展中面临的主要挑战保持清醒认识、高度关注和审慎思考。

一、"互联网＋农业产业链"在当今时代面临的挑战

（一）"互联网＋农业产业链"面临发展战略选择的挑战

"互联网＋农业"是借助互联网信息技术助力传统农业产业实现转型升级的重要方式，是推动农业现代化发展、给粮食安全提供保障的重要途径，其发展机遇十分宝贵，发展空间极为广阔。但是，若是做不好顶层设计工作，那么在"互联网＋农业"领域就可能会出现各自为政、一哄而上等问题，令农业产业总体发展态势发生偏离，从而给"互联网＋农业"的协调稳步发展造成极大的负面影响，并进而影响到我国整体经济的发展。所以，相关部门应当针对相关方面制定出全面的战略计划，真正通过战略推动"互联网＋农业"的进步发展，并形成完善、稳定的发展格局，并借助"互联网＋农业"的力量来推动我国社会和经济的总体发展。

（二）"互联网＋农业产业链"面临发展基础设施的挑战

"互联网＋"是一次重大的技术革命创新，必然将经历新兴产业的兴起和新基础设施的广泛安装、各行各业应用的蓬勃发展两个阶段。"互联网＋农业"亦将不能跨越信息基础设施在农村农业领域大范围普及的阶段。然而，当前农村地区互联网基础设施相对薄弱，互联网普及率有待进一步提升。另外，农业数据资源的利用效率低、数据分割严重，信息技术在农业领域的应用大多停留在试验示范阶段，信息技术转化为现实生产力的任务异常艰巨。农业农村信息基础设施薄弱，是"互联网＋农业"快速发展的巨大挑战。

（三）"互联网＋"与现代农业产业链的深度融合面临挑战

移动互联网、大数据、云计算、物联网等新一代信息技术发展迅猛，已经实现了与金融、电商等业务的跨界融合。农业是国民经济的基础，正处于工

业化、信息化、城镇化、农业现代化"四化同步"的关键时期,因而迫切需要推动"互联网＋农业"发展。但应当认识到,我国的农业产业由来已久,其发展涉及多个领域,和经济、政治、社会、文化等方面密切关联。因此,怎样通过科学、正确的途径借助"互联网＋"实现农业产业链的建构,真正令现代化信息技术与农业的生产销售、政务管理及信息销售等诸多环节相融合,成为相关专家学者需要思考的重要课题。唯有切实制定出符合现实情况的、具有可操作性的实施策略,才能够真正令"互联网＋农业"走上迅速发展之路。

二、"互联网＋农业产业链"在当今时代的发展对策

(一)加快建设农村信息化基础设施

相关部门要加快推进落实农村地区互联网基础设施建设,重点解决宽带村村通问题,加快研发和推广适合农民特征的低成本智能终端,加强各类涉农信息资源的深度开发,完善农村信息化业务平台和服务中心,提高综合网络信息服务水平;同时建立国家农业大数据研究与应用中心,覆盖农业大数据采集、加工、存储、处理、分析等完整信息链,面向国内外推广基于"互联网＋"的农业大数据应用服务。

(二)"互联网＋"时代积极落实智能农业升级行动

加快实施"互联网＋"促进智能农业升级行动,实现农业生产过程的精准智能管理,有效提高劳动生产率和资源利用率,促进农业可持续发展,保障国家粮食安全。重点突破农业传感器、北斗卫星农业应用、农业精准作业、农业智能机器人、全自动智能化植物工厂等前沿和重大关键技术;建立农业物联网智慧系统,在大田种植、设施园艺、畜禽养殖、水产养殖等领域广泛应用;开展面向作物主产区域、主要粮食作物的长势监测、遥感测产与估产、重大灾害监测预警等农业生产智能决策支持服务。

(三)"互联网＋"时代积极落实"六次产业"发展行动

加快实施"互联网＋"助力"六次产业"发展行动,助力农业延伸产业链、打造供应链、形成完整产业链,实现一、二、三产业融合,增加农民收入,促进农业和农村的可持续发展。

集中打造基于"互联网＋"的农业产业链,积极推动农产品生产、流通、加工、储运、销售、服务等环节的互联网化;构建"六次产业"综合信息服务平台,助力休闲农业和一村一品快速发展,提升农业的生态价值、休闲价值和

文化价值。

（四）"互联网＋"时代积极落实农村"双创"行动

加快实施"互联网＋"助力农村"双创"行动,加速农业科技成果转化,激发农村经济活力,推动"大众创业、万众创新"蓬勃发展。

积极落实科技特派员和农技推广员农村科技创业行动,创新信息化条件下的农村科技创业环境;加快推动国家农业科技服务云平台建设,构建基于"互联网＋"的农业科技成果转化通道,提高农业科技成果转化率;搭建农村科技创业综合信息服务平台,引导科技人才、科技成果、科技资源、科技知识等现代科技要素向农村流动。

（五）"互联网＋"时代积极落实农业"走出去"行动

加快实施"互联网＋"助力农业"走出去"行动,与其他国家加强农业领域的合作与交流,不断提升我国农业的国际地位和影响力。充分利用中国—东盟、中国—新西兰等自贸区优势,形成我国与美国、加拿大、澳大利亚、日本和欧盟有关国家双边农业磋商机制,积极建设跨境农产品电子商务平台,打造具有国际品牌的特色优质农产品;在亚洲、非洲、南美洲等有关国家建设农业技术交流服务平台,推动我国先进适用的农业生产技术和装备等"走出去";构建农业投资综合信息服务平台,为农业对外投资企业提供市场、渠道、标准、制度等各种信息资料。

（六）"互联网＋"时代积极落实农业科技创新行动

相关部门要充分利用"互联网＋"技术推动农业在科技领域的创新,真正实现不同农业科研领域之间的联结与协作,令农业科技具有更强的创新力,为中国农业的现代化发展提供助力。

积极推动农业科研信息化建设,助力发展中国农业科学院科技创新工程,加快建设世界一流农业科研院所;与美国、日本、澳大利亚、英国、欧盟等国家和地区的农业部门、科研院所及跨国私营部门建立稳定的合作关系,构建基于"互联网＋"的跨国农业科研虚拟协作网络,实现农业科技创新的大联盟、大协作,提高农业科技创新能力;加快国家农业科技创新联盟建设,构建农业科技资源共享服务平台,提高重大农业科研基础设施、农业科研数据、农业科研人才等科研资源共享水平;构建农业科研大数据智能分析平台,推动农业科技创新资源共建共享。

（七）"互联网＋"时代积极落实农产品电子商务建设行动

在网络平台的基础上搭建农产品电子商务体系,促使农户更好地和市场进行对接,为农户提供更加便捷的农产品销售渠道,令农产品以更快速度流通的同时获取一定增值空间,从而为农民创造更大的收益。相关部门倡导互联网公司在农产品电子商务建设方面贡献力量,搭建起农产品网络运营体系,推动农产品在物流、资金流、信息流方面的良性发展;对于大型农业企业,要鼓励和帮助其搭建属于自身的电商平台,力争通过网络实现产品交易;进一步发展美丽乡村,打造属于各乡村的特色农产品,为农产品的电子商务平台销售提供稳定的货源保障。

（八）"互联网＋"时代积极落实新型职业农民培育行动

借助"互联网＋"技术及资源强化对农业生产者的教育及培训,增加他们农业领域的文化知识、技术技能、经营知识等,在人才培育方面为农业的现代化发展提供重要动力。打造科学、系统的农民培训体系,完善农民进行网络学习所需的互联网教育环境,力求培养出掌握新技能、新知识、新方法的现代化职业农民;积极推动智慧农民云平台建设,研发基于智能终端的在线课堂、互动课堂、认证考试的新型职业农民培训教育平台,实现新型职业农民培育的移动化、智能化。

（九）落实"互联网＋"助力农产品质量安全保障行动

加快实施"互联网＋"助力农产品质量安全保障行动,全面强化农产品质量安全网络化监管,提高农产品质量安全水平,切实保障食品安全和消费安全。积极落实《农业农村部关于加强农产品质量安全全程监管的意见》,推进农产品质量安全管控全程信息化,提高农产品监管水平;构建基于"互联网＋"的产品认证、产地准出等信息化管理平台,推动农业生产标准化建设;积极落实农产品风险评估预警,加强农产品质量安全应急处理能力建设。

（十）"互联网＋"时代积极落实农业生态建设行动

加快实施"互联网＋"助力农业生态建设行动,实现农业资源生态实时跟踪与分析、智能决策与管理,实现"一控、两减、三基本"的目标,治理农村污染,提高农业资源生态保护水平,促进农业可持续发展。建立全国农业用水节水数据平台,智能控制农业用水的总量;建立全国农用物资产销及施用跟踪监测平台,智能控制化肥、农药施用量;建立全国农业环境承载量评估系统、农业废弃物监测系统,为农业循环经济提供信息支撑和管理协同,有效解决农村农业畜禽污染处理问题、地膜回收问题、秸秆焚烧问题;建立农村生产生活生态环境监测服务系统,提高农村生态环境质量。

第三章 "互联网+"时代背景下农业生产体系的发展

第一节 种植业体系

物联网技术在农业领域得到了广泛应用,从播种、灌溉、施肥到防治病虫害、收获等这一系列农业生产过程,都能够借助农业物联网技术增强生产的科学性,令生产的速率和质量得到提升。换言之,物联网技术在农业领域的应用令农业生产者传统的生产方式发生了改变,使农业生产变得更加精细和准确。

一、智能设施农业

智能设施农业令农产品的生产效率和生产总量都得到了大幅提升,在当地专业合作社、龙头企业等的引领和带动之下,很多农业生产者开始关注智能农业,并将其应用在现实的农业生产之中,增加了自己的农业收入。互联网农业是一种新型农业发展方式,它实现了互联网技术和农业产业链诸多环节的渗透融合,让中国的农业发展真正走上智能化、科技化、信息化道路。"互联网+"的出现为农业的转型升级提供了重要支撑。目前,人们愈来愈意识到互联网技术的重要性,并倾向于在农业领域将这些技术的作用充分发挥出来,这为农业生产方式的优化升级以及农业的现代化发展提供了重要的推动力量。

运用了互联网技术的智能农业模式,以计算机为中心,是对当前信息技术的综合集成,集感知、传输、控制、作业为一体,将农业的标准化、规范化大大向前推进了一步,不仅节省了人力成本,也提高了品质控制能力,增强了农业抗击自然风险的能力,并且这一模式正在得到日益广泛的推广。互联网营销综合运用电商模式,农业电子商务是一种电子化交易活动,它以农业的生产为基础,其中包括农业生产的管理、农产品的网络营销、电子支付、物流管理等。它以信息技术和全球化网络系统为支撑点,构架类似 B2B、B2C

的综合支持平台,具有网上交易、拍卖、电子支付、物流配送等功能,主要提供与农产品产、供、销等环节相关的电子化商务服务,并充分消化利用。

互联网技术与农业产业链环节的深度渗透融合,有利于农业生产环节的优化升级,提升农业生产效率,同时也有利于强化生产者对整个生产经营程序及过程的管控,为最终的产品质量提供了保证,能够为后期的产品营销做好铺垫。互联网与农业产业的结合令农业产业链的不同环节具有更好的衔接性,强化了产业链的完整性和流畅性。综合而言,"互联网＋"农业具有下列优势:第一,借助物联网构建起农业监测系统,并借助大数据对所得的农业数据展开深入分析,令农业生产变得更加精准,在节约生产成本的同时最大限度地提升农产品产量;第二,互联网技术令农场管理工作实现了信息化,让农场也能够依照工厂流程进行运作,让农场以更高的效率完成经营工作,并能够令经营工作模板化,便于其他农场学习和借鉴;第三,除了上述技术层面的需求能够得到满足之外,"互联网＋农业"为农产品销售拓宽了渠道,提供了更优质、更快捷、更现代的线上销售平台。互联网农业创新有利于帮助农业生产者规避市场风险,提升农业生产效率,能够借助大数据分析等实现对农产品质与数量的良好控制;突破传统农业生产模式,为农业领域提供了全新的获取信息模式及产品流通模式;强化了农产品质量监管,令问题产品有了可追溯渠道;农产品生产链条变得更加完整,产业结构上的环节数量比以往更多;信息共享更加快速和全面,有利于农户通过网络渠道获取全面、前沿的农业相关信息。

二、智能大田种植

我国现在的农业生产模式正处于从家庭联产承包责任制向大田种植模式过渡的阶段,大田种植模式是我国现代农业的发展方向。大田种植信息化指的是通信技术、计算机技术和微电子技术等现代信息技术在产前农田资源管理、产中农情监测和精细农业作业中的应用和普及。

我国农田信息管理系统已经开始应用在部分农场之中,内蒙古、新疆生产建设兵团、黑龙江农垦等运用电子信息管理系统来实现农田的现代化管理,让信息的处理和分析更加快速和准确,并确保农业生产者能够及时获取农田的准确数据。将信息化技术和大田种植生产结合起来,在减轻人类生产劳动压力的同时增加农产品产量,力争实现生产者效益的最大化,是大田种植的目的所在,今后我国大田种植信息化发展采取的是以"精细农业"为核心的数字化、智能化、精准化、管理信息化和服务网络化等发展模式,以信息化带动现代化,通过信息技术改造传统大农种植业,装备现代农业、以信息服务实现生产与市场的对接,将遥感技术、地理信息系统、全球定位系统、作物生长模拟以及人工智能和各种数据库等结合与集成应用到大田作物生产中,通过计算机系统进行科学的生产管理。

智能农业大田种植智能管理系统,是针对农业大田种植分布广、监测点多、布线和供电困难等特点构建起来的,它利用物联网技术,采用高精度土壤温湿度传感器和智能气象站,远程在线采集土壤墒情、气象信息,实现墒情自动预报、灌溉用水量智能决策、远程/自动控制灌溉设备等功能。具体运作如下。

(一)地面信息采集

一是使用地面温度、湿度、光照、光合有效辐射传感器采集信息,可以及时掌握大田作物生长情况,当作物因这些因素生长受限,用户可快速反应,采取应急措施;二是使用雨量、风速、风向、气压传感器可收集大量气象信息,当这些信息超出正常值范围,用户可及时采取防范措施,减轻自然灾害带来的损失。如强降雨来临前,打开大田蓄水口。

(二)地下或水下信息采集

一是可实现地下或水下土壤温度、水分、水位、氮磷钾、溶氧、PH值的信息采集。二是检测土壤温度、水分、水位,这些检测有利于实现合理灌溉,杜绝水源浪费和大量灌溉导致的土壤养分流失。三是检测氮磷钾、溶氧、PH值信息,这是为了全面检测土壤养分含量,准确指导水田合理施肥,提高粮食产量,避免由于过量施肥而导致环境问题。

(三)视频监控

视频监控系统指的是将摄像机安装在农田内,借助同轴视频电缆把摄像机所采集的关于农田的视频传送至控制主机,方便生产者对植物长势加以把握。农业生产者既能够到监控中心直接观看监控视频信息,也可以在异地通过网络观察到农作物的生长状况。

(四)报警系统

用户可在主机系统上对每一个传感器设备设定合理范围,当地面、地下或水下信息超出设定范围时,报警系统可将田间信息通过手机短信和弹出到主机界面两种方式告知用户。用户可通过视频监控查看田间情况,然后采取合理方式应对田间各种状况。

（五）专家指导系统

它将农作物实际生长情况和系统中农作物最适生长模型、病害发生模型进行比较,一方面系统可以直接将这些关键数据通过手机或手持终端发送给农户、技术员、农业专家等,为指导农业生产提供详细实时的一手数据;另一方面系统通过对数据的运算和分析,可以对农作物生产和病害的发生等发出警告和专家指导,方便农户提前采取措施,降低农业生产风险和成本,提高农产品的品质和附加值。

如今,若是安装了大田种植智能控制系统,那么在大田种植过程中就能够轻易地对田间情况实施远程监控及实时管理,让大田种植也走上现代化道路。大田种植监控系统不仅有利于大田种植的信息化、智能化水平提升,有利于增加农产品产量,还能够实现对农业大棚的远程控制,让大棚在无须额外耗费人力的情况下实现自动调整,从而促进农产品产出效益的提升。农业生产者在对智慧大棚系统进行安装和应用之后,通过手机客户端就能够实现对智慧大棚的远程操控,轻松实现对大棚的开关操作、给农作物浇水施肥等。

目前,很多农业地区都开始将农业物联网技术应用在农业生产中,试图通过新技术实现对原本生产方式的变革及升级,真正将现代科技与农业行业结合起来,助力农业生产者获得更多的收益,确保农业价值得到最大的发挥。

第二节　养殖业体系

随着规模化、集约化养殖业的发展和人力资源的短缺,自动化养殖将成为发展趋势。自动化养殖能够准确高效地监测动物个体信息,有利于农户分析动物的生理、健康和福利状况,是实现福利养殖和肉品溯源的基础。目前我国的养殖业主要依靠人工观测的方式监测动物个体信息,耗费大量的时间和精力,且主观性强。随着信息技术的发展,国外学者对畜禽养殖动物个体信息监测方法和技术进行了大量研究,利用采集的动物个体信息,分析动物的生理、健康、福利等状况,为畜禽养殖生产提供指导,而国内在这一领域的研究仍处于起步阶段。

一、智慧畜禽养殖

互联网与畜禽养殖的结合令畜禽业发生了明显的改变。很多畜禽从业者认识到了互联网技术的先进性、科学性,并真正将互联网技术引入畜禽养殖的产业链中,实现畜禽养殖业的智慧化。从近年来国内外研究现状来看,畜禽养殖动物个体信息监测研究大多围绕自动化福利养殖展开,通过研究提高了动物个体信息监测的自动化程度和精度,有效减少了信息监测消耗的人力,但还存在一些需要进一步探讨和研究的问题,主要包括以下几个方面:第一,动物行为监测智能装备研发。准确高效地采集动物个体信息是分析动物生理、健康和福利状况的基础。目前无线射频识别(RFID)技术在畜禽业中得到了广泛应用,对于动物的体重、发情行为、饮食行为等信息监测已有大量研究成果,但对于动物母性行为、饮水、分娩、疾病等信息监测系统研究与实现鲜见报道。动物行为监测传感器大多需要放置于动物身上或体内,这对监测设备的体积、能耗、防水和无线传输等都提成较高的要求,后续研究需要针对复杂环境下不同行为研发相应的行为监测智能化设备。第二,动物行为模型构建与健康分析动物行为模型构建。是指在动物叫声音频信息、活动视频信息、传感器采集的运动等信息与动物行为分类间建立映射关系,通过音视频和其他传感技术对动物行为进行分类。分析实时采集的动物个体信息,研究动物不同生长阶段的行为规律,与动物行为模型进行对比,超过一定阈值时进行预警。第三,动物福利养殖信息管理系统。动物个体信息与环境、饲养方式、品种都有关联,从规模化养殖中采集到的大量动物个体信息数据,如何进行综合分析,从海量数据中挖掘出有用信息,并建立动物福利养殖信息管理系统还需要进一步研究。

二、智慧水产养殖

近年来,人们的环保意识越来越强,并逐渐认识到传统水产养殖业所采取的是低级粗放的养殖方式。为了减少水产养殖所造成的环境污染,进一步提升养殖效益,人们开始接触"物联网水产技术"并将其应用在水产养殖实践之中。

我国是世界水产养殖大国,不管是从养殖规模还是从养殖产量方面来说,我国都可谓首屈一指。但伴随着我国养殖业的不断发展,养殖的种类不断增加,水资源的开发利用也已经趋于饱和,在此种情况下若是仍旧沿用原本的养殖方式,那么会给水体环境、水产品品质等造成突出的负面影响。所以,我们应当弃用传统水产养殖方式,借助新兴的互联网技术构建全新的水产养殖体系,在获取准确数据的基础上尽快对养殖产业做出科学、正确的调节。在该背景下,实现物联网和水产养殖的结合,有利于减少环境污染、提高养殖效率和产量、减少人力及财力资源投入。物联网以其技术的先进性、环境的适应性、环保、高产等特点"征服"了很多水产养殖者,并得到了养殖者的广泛应用。

较长一段时间以来,我国水产养殖行业存在着诸多不足之处,例如效率低、周期长、污染大、强度高,这些无疑都不利于该行业的可持续发展。目前我国水产品消费者的数量越来越多,他们也更倾向于购买环保的水产品,在这种情况下,传统养殖方式所生产出来的水产品就无法令大众需求得到有效满足。但在"互联网＋"时代,人们可以利用物联网技术来解决上述问题。通过调查可知,相较于传统的粗放养殖方式,借助物联网技术进行水产养殖所得到的水产品有着更高的品质,并且花费的成本也较少,这为农民增收创造了有利条件。除了能节省人力、优化产品质量之外,还能够减少养殖活动给水体环境所造成的污染。在物联网技术的支持下,水产养殖自动化的实现也具备了较强的可能性。以智能传感技术、智能处理技术及智能控制技术等物联网技术的智能水产养殖系统为代表,一系列拥有信息实时采集、信号无线传输、智能处理控制、预测预警信息发布和辅助决策提供等功能于一体,通过对水质参数的准确检测,数据的可靠传输,信息的智能处理以及控制机构的智能化、自动化的设备已经成功地帮助养殖户实现了新时代水产养殖的自动化科学管理。

发展智慧型渔业,其实质是用现代先进的数字技术、信息技术装备传统的渔业生产,以提高渔业生产的科技水平,使渔业生产不受气候、赤潮等影响,还可以更好地控制成本。利用信息技术对渔业生产的各个要素进行数字化设计、智能化控制、精准化运行及科学化管理,力求能减少渔业消耗,降低生产成本,提高产业效益。作为物联网水产科技的代表,水产养殖环境智能监控系统是面向新时代水产养殖高效、生态、安全的发展需求,基于物联网技术的使用,集水质采集、智能组网、无线传输、智能处理、预警报告、决策支持、智能控制等功能于一身的物联网水产系统。因此可以说,在现代社会,渔民们只需要一部智能手机就能够快捷、高效地做好水产养殖工作。

智慧水产养殖系统由智能化电脑控制系统和水循环系统两部分组成。智能化电脑控制系统包括系统软件、360°探头、水下感应器、养殖设备、互联网服务器等软硬件；水循环系统包括过滤设备和微生物降解设备。水产养殖者打开智能控制中心，就能看到屏幕上两个主要部分：上方显示的监控场景；下方显示的是多项重要指标，如水温、溶氧量、PH 值等。通过该平台，养殖者无须实地探访就能够清楚地把握鱼塘的总体情况。该系统会为各指标设置安全的数值范围，若是系统检测到某项指标不在该数值范围内，那么系统就会使相应设备自行启动，以实现对问题的处理。而要想对该系统加以利用，养殖者需要将自己的手机与智慧渔业养殖系统进行在线对接，唯有如此养殖者才能够随时随地通过手机对养殖情况进行监测。毫无疑问，所养殖的水产动物会将自身排泄物排入水中，而这又会增加水中的氨氮含量，让养殖用水的溶氧量下降。面对该问题，系统会及时显示警戒指标，并自动启动水循环设备，如此一来，不仅让鱼塘水体始终保持在较为恒定的温度，同时也能够净化水质，为鱼类创造优质的生长环境。另外，养殖者也无须在投饵喂食方面耗费较多心思，通常安装好和系统连接的智能打印机之后，在喂食时打印机会以水文环境为依据为养殖者打印出一份最佳的投饵方案，养殖者只需依照该方案的具体要求实施操作即可。

第三节　林业体系

"互联网＋林业"充分利用移动互联网、物联网、云计算、大数据等新一代信息技术，通过感知化、物联化、智能化的手段，形成林业立体感知、管理协同高效、生态价值凸显、服务内外一体的林业发展新模式，其核心就是利用现代信息技术，建立一种智慧化发展的长效机制。详细而言，"互联网＋林业"的特点如下：第一，在信息获取及处理方面实现数字化。无论是信息的采集、传递、存储、分析还是共享，都能够走上数字化道路。第二，林业资源实现彼此感知。借助智能终端及传感设备，能够令不同类型的林业资源之间实现彼此感知，确保农户能够随时、迅速地获取到所需信息。第三，信息传输互联化。搭建起完善的信息传输网络系统，让信息获取变得更加迅速和便利。第四，系统管控实现智能化。大数据、物联网、云计算等新兴的现代化技术能够令人们更准确、更快速地实现林业信息的获取、处理及分析等。与此同时，人们借助自动化设备、传感设备、智能终端等能够实现林业管理工作的现代化及智能化发展。第五，形成了一体化的运转体系。目前，我国的城镇化、生态化、产业化等已成为明确趋势并形成了相应的体系，林业信息化与它们的结合就促成了"互联网＋林业"的出现，并且它们共同构成了一个功能更加全面的运转体系。第六，在管理服务方面呈现出协同化趋势。在政府、企业、林农等各主体之间，在林业规划、管理、服务等各功能单位之间，在林权管理、林业灾害监管、林业产业振兴、移动办公和林业工程监督等林业政务工作的各环节之间实现业务协同。第七，创新发展生态化。利用先进的理念和技术，丰富林业自然资源、开发完善林业生态系统、科学构建林业生态文明，并融入整个社会发展的生态文明体系之中，保持林业生态系统持续发展强大。第八，综合效益最优化。形成生态优先、产业绿色、文明显著的智慧林业体系，做到投入更低、效益更好，实现综合效益最优化。

一、智慧林业的概念及特点

"智慧林业"这一概念提出的时间较短，而且迄今尚没有公认的定义。据《中国智慧林业发展指导意见》中对智慧林业的解释，其基本内涵是指充分利用云计算、物联网、移动互联网、大数据等新一代信息技术，通过感知化、物联化、智能化的手段，形成林业立体感知、管理协同高效、生态价值凸显、服务内外一体的林业发展新模式。智慧林业是智慧地球的重要组成部分，是未来林业创新发展的必由之路，是统领未来林业工作、拓展林业技术应用、提升林业管理水平、增强林业发展质量、促进林业可持续发展的重要支撑和保障。智慧林业与智慧地球、美丽中国紧密相连；智慧林业的核心是利用现代信息技术，建立一种智慧化发展的长效机制，实现林业高效高质发展；智慧林业的关键是通过制定统一的技术标准及管理服务规范，形成互动化、一体化、主动化的运行模式；智慧林业的目的是促进林业资源管理、生态系统构建、绿色产业发展等协同化推进，实现生态、经济、社会综合效益最大化。

智慧林业依旧坚持以人为本的理念，它是人们在现代互联网环境下所提出的一种新型的林业发展模式。该模式旨在进一步发展生态林业和民生林业，将它们提升至新的发展高度，真正落实林业发展的安全化、智能化、和谐化。智慧林业指的是通过立体感知体系、管理协同体系、生态价值体系、服务便捷体系等来体现智慧林业的智慧。它包含了如下内容：第一，深化发展林业资源感知体系。借助打造智慧林业立体感知体系扩大感知系统的覆盖范围,让人们能够摆脱时间和地点的限制对林业资源进行感知。第二,林业政务系统实现多方部门及人员的连接。构建完善的林业政务系统,能够促进国家、省、市、县彼此之间的互联互通,让他们在政务工作方面实现协同化、统一化,能够通过系统增进彼此间的合作及信息共享。第三,降低林业建设管理成本,创造更多收益。依照科学理论对智慧林业展开规划设计,从根源上推动各相关部门的共建共享,降低建设成本,这样一来,后期在管理方面无须较多投入就能够获得较为理想的效益。第四,提升林业民生服务的智能性、便捷性。构建起完善、高效的智慧林业管理服务体系,有利于相关的企业或者农户通过该体系较为迅速地获取自身所需服务,真正缩短等待服务时间,提升服务质量。第五,林业生态文明理念更深入。通过智慧林业生态价值体系的建立及生态成果的推广应用,使生态文明的理念深入社会各领域、各阶层,使生态文明成为社会发展的基本理念。

智慧林业具有基础性、应用性、本质性的特征体系,其中基础性特征包括数字化、感知化、互联化、智能化,应用性特征包括一体化、协同化,本质性特征包括生态化、最优化。也就是说,智慧林业是基于数字化、感知化、互联化、智能化,实现林业生产的一体化、协同化、生态化、最优化。林业信息资源数字化能够实现林业信息实时采集、快速传输、海量存储、智能分析、共建共享。林业资源相互感知化是利用传感设备和智能终端,使林业系统中的森林、湿地、沙地、野生动植物等林业资源可以相互感知,能随时获取需要的数据和信息,改变以往"人为主体、林业资源为客体"的局面,实现林业客体主体化。林业信息传输互联化是智慧林业的基本要求,建立横向贯通、纵向顺畅,遍布各个末梢的网络系统,实现信息传输快捷,交互共享便捷安全,为发挥智慧林业的功能提供高效网络通道。林业系统管控智能化是信息社会的基本特征,也是智慧林业运营基本的要求,要求利用物联网、云计算、大数据等方面的技术,实现快捷、精准的信息采集、计算、处理等;应用系统管控方面,利用各种传感设备、智能终端、自动化装备等实现管理服务的智能化。林业体系运转一体化是智慧林业建设发展中最重要的体现,要实现信息系统的整合,将林业信息化与生态化、产业化、城镇化融为一体,使智慧林业成为一个更大的功能性生态圈。林业管理服务协同化,信息共享、业务协同是林业智慧化发展的重要特征,就是要使林业规划、管理、服务等各功能单位之间,在林权管理、林业灾害监管、林业产业振兴、移动办公和林业工程监督等林业政务工作的各环节之间实现业务协同,增进政府、企业、居民等各主体之间的协同性,在协同中实现现代林业的和谐发展。林业创新发展生态化是智慧林业的本质性特征,就是利用先进的理念和技术,进一步丰富林业自然资源、开发完善林业生态系统、科学构建林业生态文明,并融入整个社会发展的生态文明体系之中,保持林业生态系统持续发展强大。林业综合效益最优化是通过智慧林业建设,形成生态优先、产业绿色、文明显著的智慧林业体系,进一步做到投入更低、效益更好,展示综合效益最优化的特征。

可见,智慧林业是基于数字林业,应用云计算、物联网、移动互联网、大数据等新一代信息技术发展起来的。在数字林业的基础上,智慧林业具有感知化、一体化、协同化、生态化、最优化的本质特征。智慧林业把林业看成一个有机联系的整体,运用感知技术、互联互通技术和智能化技术使得这个整体运转得更加快速、高效,从而进一步提高林业产品的市场竞争力、林业资源发展的持续性以及林业能源利用的有效性。

二、智慧林业的内容、作用体系构建

智慧林业这一概念的提出及实际应用恰好与林业的现代化发展趋势相契合,智慧林业是在互联网时代社会林业发展所必然要走的一条道路,另外,它也符合我国生态建设发展所提出的要求,并且在人类社会和谐发展方面发挥着重要作用。从林业自身出发来说,智慧林业的落实能够助力林业在现代环境下实现自身的转型升级。如今的林业正处于转型阶段,它不再将木材生产作为发展重心,转而将生态建设作为发展重点。国际社会也加强了对林业的关注,并强调森林生态系统及其发展在人类经济社会中占据着重要地位。我国已确立了以生态建设为主的林业发展战略,把发展林业作为建设生态文明的首要任务,这意味着我国林业必须承担起生态建设的主要责任,打造生态林业、民生林业成为目前我国林业发展的主体目标与任务。利用智慧林业,我们可以摸清生态环境状况,对生态危机做出快速反应,共建绿色家园;更智能地监测预警事件,支撑生态行动,预防生态灾害。同时,发展智慧林业,建立相应的一体化、主动化管理服务体系和生态价值考量体系,可使林业的民生服务能力得以加强,生态文明的理念得以深入社会各领域与各阶层,符合林业自身发展的客观需求。

"互联网＋"是当今社会的一个重要发展趋势,它在助力人们创新创业方面发挥着不可代替的作用。在此背景下,要想切实促进"互联网 + 林业"的发展,就要做好下列举措:第一,明确科学的发展方向及发展路线。在当前的总体状况下,人们要充分认识到森林所具有的生态价值,相关政府部门要在林业智能化管理服务方面加大投入,争取早日在林业领域搭建起体系化网络;另外,利用森林的经济价值,从企业层面扩大电子商务的推广运用率,换取较大的经济利益,为林产品提质上档提供经济支撑。第二,要将林业发展重点确定出来。相关人员不可将"互联网 + 林业"视作互联网和林业产业的简单相加,不可把建设林业网站、开通林业行业官方微信当作智慧林业的全部内容,否则就会让"互联网 + 林业"的发展处于停滞状态。通俗来讲,"互联网 + 林业"就是要让森林资源通过物联网达到人和物的交互,实现信息的采集、计算、共享。要注重"物联"的开发与运用,重点是在林业,管理、森林防护、智能办公等方面开展深层次合作,运用云计算、大数据,物联网、可视化等技术,建设林业"三防"一体化信息化平台、综合监测监控系统、业务信息实时共享平台、智能办公等信息化项目,实现智能办公、视频监控(含无人遥感飞机视频接入)、林业资源、扑火指挥、远程调度、空间分析、疫区管理、位置服务、整合信息等多项智能应用。要实现"互联网 + 林业的发展"需要以政府部门牵头为主。有政府部门做主导,才能充分运用物联数据,开发商业模式。第三,在互联网基础上打造出全新的商业模式。在林业产品的传统销售过程中存在着多个销售"中介",每经过一个销售"中介"转手,产品的流通成本就会有所增加,而这些增加的成本无疑都要让消费者买单。在林业电子商务平台搭建起来之后,人们就能够在林产品中植入与其对应的芯片,这样在开展网络贸易活动的时候,消费者可以直接通过手机扫描得到关于产品的诸多信息。如此一来,产品自身也能够发挥一定的宣传作用,并减少了产品在销售过程中的转手次数,相当于间接地为厂商和消费者谋利。建立这样的商业模式,需要广泛运用物联网、大数据、云计算等技术。在此基础上,可进一步拓展无线互联,将林区的林产品销售、交通路线旅游景点、餐饮场所、银行等涉林产业整合起来,逐步建立网上林区,形成林业行业互联网。当然,互联网的商业模式也不仅仅这局限于一种,还需要根据实际情况灵活运用。

紧紧围绕打造智慧林业、建设美丽中国的发展思路,充分利用现代信息技术为资源深度开发及管理服务模式转型提供创新力,结合当前林业信息化发展的基础与急需解决的问题,根据我国智慧林业的重要使命、本质特征和发展目标,以打造生态林业和民生林业为重要切入点,通过"资源集约、系统集聚、管理集中、服务集成"的创新发展模式,积极推进智慧林业立体感知体系、智慧林业管理协同水平、智慧林业生态价值体系、智慧林业民生服务体系、智慧林业标准及综合管理体系五项任务建设,全面实现智慧林业的战略目标。

(一)着力打造智慧林业立体感知体系

相关部门要始终秉持"把握机遇、超前发展、基础先行、创新引领"的原则,真正在技术、模式方面实现创新发展,加快林业网络体系建设速度,完善智慧林业所需的基础信息设施。要在林业领域加快互联网设施建设,力争让林业以较快的速度接入物联网。全面加强各种传感设备在林业资源监管、林产品运输等方面的布局应用,为动态监测植物生长生态环境、有效管理林业资源提供支撑。有序推进以遥感卫星、无人遥感飞机等为核心的林业"天网"系统建设,打造高清晰、全覆盖的空中感知监测系统。积极推进林业应急感知系统建设,打造统一完善的林业视频监控系统及应急地理信息平台,为国家、省、市、县等四级林业管理部门提供可视化、精准化的应急指挥服务。

1. 林业下一代互联网建设工程

为打造下一代林业互联网,相关部门要始终遵循高端性、前瞻性的原则,推动林业信息网络的优化升级,切实完善 IPv6 网络运行管理与服务支撑系统,借助网络系统强化对林业方面的管控及服务。整个网络纵向采用树形结构设计,以国家林业和草原局为根节点;各省区市林业厅局分节点与国家林业局形成星形连接,成为一级节点;各地市林业局与省区市级形成星形连接,成为二级节点;各县市林业局与地市形成星形连接,从而构建国家、省、市、县四级网络架构。不断扩充现有省级出口带宽及国家林业和草原局下联各省级带宽,打造统一的林业下一代互联网,以满足国家林业系统各类业务模块和快速传输大数据量的遥感影像、GIS 数据、音视频数据等需要。

2. 林区无线网络提升工程

按照分级推进、多种方式结合的原则,大力加强与国家电信运营商的合作,选择一些基础条件好、发展较快的林区,积极推进我国重点林区的无线网络建设,提高林区的通信能力及监测管理水平。林区无线网络以公众网为主、以林区自建数字超短波网为辅,合理共享网络资源,同时实现多制式、多系统共存,形成高速接入、安全稳定、立体式无缝化的覆盖网络,为林区管理服务部门及公众提供无线网络服务,为物联网和智能设施在林区的应用提供网络条件。

3.林业物联网建设工程

国家已启动了智能林业物联网应用示范项目,主要是基于下一代互联网、智能传感、宽带无线、卫星导航等先进技术,构造一体化感知体系。为了快速提高林业智能监测、管理服务、决策支持水平,需进行统一规划布局,主要从重点林木感知、林区环境感知、智能监测感知网络等方面展开林业物联网建设。

4.林业"天网"系统提升工程

"天网"系统的规划布局,与林业遥感卫星、无人遥感飞机等监测感知手段结为一体。重点建设国家卫星林业遥感数据应用平台,提供林业资源综合监测所需的各类遥感信息及数据处理系统、数据产品发布系统以及综合监测遥感数据产品,通过多源卫星遥感数据的集中接入、管理、生产和分发,实现林业各监测专题的遥感信息及平台共享,并与现有的公共基础信息、林业基础信息、林业专题信息以及政务办公信息等整合,提高林业监测效率。

5.林业应急感知工程

为适应新形势下林业高效、精准的安全管理需要,打造完善的应急指挥监控感知系统,为各级林业部门提供高效、精准的应急指挥服务,相关部门必须加快林业视频监控系统一体化建设步伐,不断提高林业视频监控资源的共享和协同水平,按照共建共享、统一、协同的原则,构建各省区市统一的林业视频监控系统,统一接入到国家林业和草原局,形成国家、省、市、县四级统一的林业视频监控系统,实现各级林业管理部门应急指挥监控感知系统的应急联动。以林业地理空间信息库为基本,建立我国林业全覆盖的、多尺度无缝集成的应急地理信息平台,全面提高应急调度能力和效率,实现可视化、精确化应用与一对多管理,通过健全制度、规范运作、强化考核等手段,实现林业重大事件应急工作的统一指挥协调,提升管理效能和水平。

(二)大力提升智慧林业管理协同水平

按照"共建共享,互联互通"的原则,以高端、集约、安全为目标,依托现有的基础条件,大力推进林业基础数据库建设,重点建设林业资源数据库、林业地理空间信息库和林业产业数据库,加快推进林业信息资源交换共享机制建设。通过统一规划、集中部署,加快中国林业云示范推广及建设布局,推进政府办公智慧化,规范办公流程,提高办事效率。全面推进中国林业网站群建设,建立架构一致、风格统一、资源共享的网站群,全面提高公共服务水平。加大林政管理力度,建立起行为规范、运转协调、公正透明、廉洁高效的林政管理审批机制。加强林业决策系统建设,为各类林业工作者提供网络化、智能化科学决策服务。

1.中国林业云创新工程

智慧林业作为林业协同发展的新模式,需要用物联网实现全面的感知,实时、准确地获取所需要的各类信息,并通过云计算平台实现信息共享、价值挖掘、安全运营等。云平台是实现智慧林业的关键,需要通过统一规划、集中部署,加快中国林业云示范推广及建设布局步伐,早日建成全面统一的林业云平台。中国林业云主要建设内容包括林业云计算数据中心、云数据交换与共享平台、虚拟资源池平台(虚拟主机、虚拟桌面)等。林业云计算数据中心采用先进的云计算技术,借助弹性的云存储技术和统一云监控管理等软件,结合全国林业部门各业务系统接口特点,开发出一套适合林业系统两级架构的云数据资源中心,实现数据的高效交换、集中保存、及时更新、协同共享等功能,并为扩展容灾、备份、数据挖掘分析等功能做必要准备。加快中国林业云平台的创新应用,逐步将面向林业管理部门内部及社会提供公共服务的应用系统向林业云平台迁移集中,实现国家林业信息基础设施、数据资源、存储灾备、平台服务、应用服务、安全保障和运维服务等方面的资源共享。在中国林业云上全面部署综合监测、营造林管理、远程诊断、林权交易、智能防控、应急管理、移动办公、监管评估、决策支持等应用,实行集约化建设、管理和运行。

2.林业大数据开发工程

按照统一标准、共建共享、互联互通的原则,以高端、集约、安全为目标,积极推进全国林业系统三大基础数据库建设,加快林业信息基础设施的全面升级优化,实现全国林业资源透彻感知、互联互通、充分共享及深度计算,为智慧林业体系的建设打下坚实基础。以现有森林资源数据库、湿地资源数据库、荒漠化土地资源数据库、生物多样性数据库四项专题库为基础,按照统一的数据库编码标准,收集、比对、整合分散在各部门的基础数据,立足国家、省、市、县林业管理部门和公众对林业自然资源的共享需求,确定包括资源类别与基本信息等方面的数据元,形成林业系统自然资源数据库的基本字段,建立全国统一标准的林业资源数据库,建立全国统一的林业产业数据库,实现林业产业信息的共享,提高各级林业部门的工作水平和服务质量,提高社会各界对林业产业发展的研究水平,提高林业产业统计对林企、林农的服务能力,为林业宏观管理决策提供科学依据,为林业信息服务提供支持。充分利用 3S、移动互联网、大数据等信息资源开发利用技术,基于目前的林业空间地理数据库和遥感影像数据库,构建全国统一的林业地理空间信息库,实现对全国林业地理空间数据库的有效整合、共享、管理及使用,为各级林业部门提供高质量的基于地理空间的应用服务,消除"信息孤岛",避免重复投资。

3.中国林业网站群建设工程

确定智慧林业建设目标,围绕该目标借助现代化信息技术对多个渠道、多个领域的服务资源加以整合,令其功能更加丰富及强大,令林业网站体系进一步完善,真正实现体系的一体化、智能化建设。构建国家林业系统从上至下的门户网站群平台,把全国林业系统政府网站作为一个整体进行规划和管理,实现数据集中存储和智能化调用,系统地进行统一维护和容灾备份,实现林业系统间的资源整合、集成、共享、统一与协同,降低建设成本和运营成本,提高效率,方便用户使用,提高用户满意度。

4.中国林业办公网升级工程

中国林业办公网升级改造不仅要实现对智慧林业移动办公平台的构建与优化,还要实现对智慧林业综合办公系统的构建与优化。首先,智慧林业移动办公平台建设,指的是借助网络技术为中国林业网设置智慧林业移动办公平台统一入口,并在其中设置各种工作模块,例如移动公文处理模块、移动电子邮箱模块、实时展现模块、移动信息采集模块、移动 App 模块等。该办公平台搭建完毕后,相关工作人员就能够借助智能终端随时随地对应用系统进行访问,并在线上完成相应的业务操作,这样无疑能够令工作效率得到提升,并让政务管理工作具备更高的智慧化水平。其次,桌面云办公系统的建立。借助云计算技术能够实现桌面云办公系统的建设,林业行业的工作人员能够借助联网的手机或者电脑等设备,打开办公的程序或者浏览器,登录并验证后就可对个人桌面及其他应用进行访问,真正实现不受时间、地点约束的办公,让工作效率得到了大幅提升。桌面云办公系统是在综合办公系统的基础上构建起来的,它不仅能够完成日常管理和工作事务,还能够设置专门的培训模块,将科学、系统的培训内容提供给林业工作人员,让他们的综合素质得到一定的提升。

5.智慧林政管理平台建设工程

林政管理是根据林业管理的实际需要,依照林业相关政策法规,对林业经营、采伐、流通和行政执法等进行的管理,其主要目的是建立起行为规范、运转协调、公正透明、廉洁高效的林政管理审批机制,促进林业的健康稳步发展。智慧林政管理平台依托云计算技术、大数据挖掘技术等,建设包含林业经营管理、林权管理、林木采伐流通管理和林业行政执法在内的多级行政管理平台,整合林权、经营、执法等数据,建立智慧林政管理平台,满足实际业务需求,实现随时随地对全国范围内林政信息的实时、科学、全面管理,为林农企业提供高效、高质、全天候的服务。

6.智慧林业决策平台建设工程

为了提高决策的科学性、预见性、针对性、智能化,依托林业基础数据库,以云计算、物联网、大数据技术、辅助决策技术等新一代信息技术为支撑,整合现有的各类决策系统,建立一体化的智慧林业决策平台,为决策者提供所需的数据、信息和背景资料,帮助其明确决策目标和识别问题,建立或修改决策模型,提供各种备选方案,对各种方案进行评价和优选。一是实时查询子平台。对森林、荒漠、湿地、生物多样性的生长、灾害、保护等状况的数据、照片、视频进行实时浏览、查询、统计,为决策提供基础数据服务,提高林业管理决策能力。二是数据挖掘子平台。将智慧林业的各类数据和相关业务数据依照相关的要求进行处理、加工、统计、分析,将大量庞杂的数据信息转化为可为领导决策提供支持服务的决策信息。三是预测子平台。通过利用历史数据和现在采集的数据,运用不同林业预测的方法、模型、工具等,对不同类型的海量数据进行加工、汇总、分析、预测,得出所需的综合信息与预测信息,形成发展趋势模型。预测林业将来发展的必然性和可能性,提高林业发展的预警能力,为林业管理决策工作提供依据。四是林业环境智能模拟系统。利用现代建模技术、计算技术及三维技术,基于中国林业云平台及林业地理信息系统,建立林业环境智能模拟系统,科学模拟气候、土壤、水质变化等对林业的影响,及林业发展对生态环境的作用。五是智能化处理子平台。自动化、智能化地分析林业的各种情况和趋势,并依据前提定义和选取的预警指标,设定预警指标临界值,使之具有自动报警功能,提高决策的及时性。六是成果共享子平台。对林业工作成果、重大事件的处理进行归纳、总结和展示,依据不用的类型设置不同的专题,进行分类管理,提高资源的利用率和针对性,为林业管理者、工作者提供学习平台,为以后的林业决策管理工作提供可复制、可推广、可执行的解决方案,形成林业工作连贯一致的决策体系和发展战略。

(三)有效构建智慧林业生态价值体系

加强林业生态价值体系建设,不断推动林业生态体系发展,重点加强新一代信息技术在资源管理、野生动植物保护、营造林、林业重点工程和林业文化监管方面的应用。加强林业资源的监管力度,利用物联网等新一代信息技术,构建完善的林业资源监管体系。大力推进营造林管理进程,实现营造林全过程现代化管理。积极推进林业重点工程监督管理平台建设,及时准确地掌握工程建设现状,实现工程动态管理,提高工程管理的科学规范水平。加强林业文化传播,不断推动林业文化体系的发展,重点加快林业数字图书馆、博物馆、文化体验馆等信息化建设。

1.智慧林业资源监管系统建设工程

以中国林业基础数据库和现有的资源监管数据库为基础,通过国家和各地林业部门的交换中心,利用分布式数据库技术,提取业务数据,整合目前已建的林业资源综合监管服务体系,建立基于中国林业云的集森林资源监管、湿地资源监管、荒漠化和沙化土地监管于一体的智慧林业资源监管平台,形成一体化、立体化、精准化的林业资源监管系统,实现对林业资源的实时有效监管,形成"全国林业一张图",为国家提供从宏观到微观的多级林业资源分布和动态信息,便于国家准确掌握林业的历史、现状和趋势,实现国家对林业保护和利用的有效监管。

2.智慧林业野生动植物保护工程

野生动植物是自然资源的重要组成部分,保护好野生动植物对于维护生态平衡、构建和谐社会有着积极作用。借助现代信息技术,对野生动植物进行感知,并对海量数据进行灵活高效处理,以提高野生动植物资源监测、管理、保护和利用水平为宗旨,基于生物多样性数据库,以历次野生动植物调查、监测数据为基础,整合各野生动植物保护区监测数据,及时掌握野生动植物现状及动态变化情况,通过对全国野生动植物保护区的智能管理,建设野生动植物资源监测体系和信息管理体系,使野生动植物资源得到保护和利用,野生动植物生态、经济和社会效益得到充分发挥,为野生动植物资源保护和自然保护区管理、开发利用及濒危野生动植物拯救和保护工作提供依据。

3.智慧林业营造林管理系统升级工程

加快造林绿化,增加森林资源,提高森林质量,是林业发展的前提和物质基础。通过建设智慧营造林管理系统,对重点营造林进行核查和监督,及时获取林地真实情况,减少重复造林现象的出现,为掌握生态状况、正确评估生态建设效益提供科学依据,为实施精细化管理、提高管理效率提供有效手段。通过建立一套完善的感知分析系统,覆盖国家、省、市、县级营造林的规划计划、作业设计、进度控制、实施效果及统计上报等环节的一体化管理的智慧营造林管理系统。智慧营造林管理系统可将地理信息系统、数据库、计算机、物联网、传感器等技术高度集成,实现营造林系统的高度智慧化。智慧营造林管理系统将实时观测各节点林木种植及生长情况,做好营造林绩效管理工作,实现营造林工程综合信息网上查询发布,为营造林工程质量核查、营造林成果分析及决策提供依据。

4.智慧林业重点工程监管工程

智慧林业重点工程监督管理平台能够实现从项目立项、启动、计划、执行、控制至项目结束的全过程管理,对及时准确掌握工程建设现状,改善组织的反馈机能,提高工作绩效等具有重大意义。该监管平台主要包括天然林保护工程管理系统、退耕还林工程管理系统、长江等防护林体系建设工程管理系统、三北防护林体系建设工程管理系统、京津风沙源治理工程管理系统等。为顺应信息社会发展的趋势,满足决策者、项目管理者、项目执行者等的需求,需全面整合信息资源,建立统一的智能重点工程监督管理平台,全面提高工程管理水平,为科学决策提供依据。

5.智慧林业文化建设工程

加强智慧林业文化馆建设,打造一批有特色、高质量的林业文化馆,包括智慧林业数字图书馆、智慧林业网络博物馆、智慧林业文化体验馆等,全面展示林业生态文化成果,提高人林互动水平,让人们充分体验到林业文化的乐趣,汲取生态文化的营养。

(四)全面完善智慧林业民生服务体系

围绕全面建设民生林业的要求,着力解决林企、林农最关心、最直接、最现实的问题,深化信息技术在林业智慧产业、林地智能分析、生态旅游,以及林业智慧商务和智慧社区等公共服务领域的应用,构建面向企业、林农及新型林区建设的综合性公共服务平台,努力提升公共服务水平。加快建设智慧林业产业体系,培育发展林业新兴产业、提升林企两化融合水平,促进林业产业的转型升级。全面建设包括土地成分、土壤肥力、酸碱度、区域环境及现有林业资源等内容的智慧林地信息公共服务平台,为政府、林企、林农等提供实时准确的综合"林业地图"信息服务。大力发展生态旅游,打造智能化、人性化的生态旅游公共服务平台,提高林业自身价值,丰富人们的生活。积极推进林业智慧商务系统建设,打造一体化的林产品电子商务平台,构建完善的智慧林业物流体系及林业物流园,为林业企业及民众提供智能化、整体化的林业商务服务。大力加强林业智慧社区建设,通过建立智慧社区服务系统,为林农、林企提供信息推送、在线证照办理、视频点播、远程诊断等服务,全面提高对林区的服务水平。

1.智慧林业产业培育工程

加快新兴科技与林业的有机融合,促进新技术、新产品和新业态的发展。围绕发展潜力大、带动性强的林业生物产业、新能源产业和新材料产业、碳汇产业等新兴领域,立足现有企业和产业基础,利用新一代信息技术,攻克一批关键技术,促进信息化在产业发展中的应用,延伸上下游产业链,着力突破新兴产业发展的瓶颈,促进高新技术产业化。

2.智慧林业两化融合工程

加快林业产业的信息化建设步伐,以企业为载体,加强信息技术在生产、制造、流通、销售等各环节的应用,提升林业、企业两化融合水平,全面提高我国林业生产管理水平及产业竞争力。一是林业生产装备智能化。林业机械化、信息化、智能化、服务化是智慧林业生产的重要内容和显著标志,加快林业技术装备发展步伐是转变林业发展方式的重要途径。加快对先进技术的引进、消化、吸收和再创新,积极建立具有自主知识产权的核心关键技术体系,加强现代电子技术、传感器技术、计算机控制技术等高新技术在林业生产装备中的应用。二是林业企业生产管理精细化。以企业为主体,围绕林业采伐运输、生产制造、养殖栽培等领域,提高林业企业信息化水平,推进企业从单项业务应用向多业务一体化、集成化转变,从企业信息应用向业务流程优化再造转变,从单一企业应用向产业链上下游协同应用转变,深化信息技术在企业设计、生产、管理、营销等环节的应用。三是林产品质量监测实时化。加快建立完善的林产品质量监督检验检测体系,实现采伐、运输、生产、仓储、配送、销售等全过程的数据可追溯、质量可监控、信息可查询。

3.智慧林地信息服务平台建设工程

加快建设全国统一的林地信息服务平台,基于林业地理空间信息库,建立智能、精准、便捷的林业资源分布图,创建"林业地图"板块,为林业政府部门提供准确的林业资源查询方式,令其及时了解林业资源在山间地头的分布情况,另外也为相关用户提供从省到林场的综合性林业信息查询服务。加快全国林地测土配方系统的完善和对接,便于人们准确了解林地土壤成分及环境状况,更好地把握土地、树种、土地与树种之间的关系,解决林农植树凭感觉走,靠天吃饭的现状。通过该平台的建设,为林业生产、管理与决策提供服务,为林业政府部门、广大林农及涉林人员了解林业分布、科学营林提供技术咨询,促进我国林业的可持续发展。

4.智慧生态旅游建设工程

建设智慧生态旅游公共服务平台,为广大消费者、林业生产者等提供便捷化、智能化、最优化的服务,还可以加大对森林公园、自然保护区、湿地公园等森林旅游景区的保护,树立优秀生态旅游品牌,全面提升生态旅游的行业形象和综合效益,进而实现可持续发展。该平台主要具有信息查询、景点大全、线路攻略、品牌推广、网上体验、知识管理、规划指导等功能。建立全国林业旅游基础数据库,制定数据采集规程和标准,建立公平、透明、开放的林业旅游行业监管体系,全面加强林业旅游业发展的预测、预警,重点对林产品进行监测分析,提高重点景区、市场动态监控分析能力,有效支撑节假日和重大活动期间的旅游市场分析运行,提升电子化营销水平,提高人们对林业旅游的认可度和信任度,扩大生态旅游规模。

5.林业智慧商务拓展工程

通过林业智慧商务拓展工程的建设,构建一种市场信息畅通、规范、高效的林产品流通新模式,为林企和林农提供智能、便捷的服务,提高林业整体效益,促进林业产业的快速健康发展。包括林权交易平台、林业电子商务平台、林业智慧物流系统、林业智慧物流园等。

6.林业智慧社区建设工程

在我国新型工业化、信息化、城镇化、农业现代化融合发展的推动下,需要找准新的切入点,加快林区信息化建设,提升整体发展水平。规范化、标准化、智能化的智慧社区建设成为促进城乡一体化、提升林区民生质量的重要途径。通过林业智慧社区信息基础设施建设和智慧社区综合管理服务平台建设等,构建一套线上、线下相结合的社区管理服务系统,包括智慧社区政务、社区管理、社区服务、社区生活及林区生产等方面,全面提高林区民生质量。

(五)大力构建智慧林业标准及综合管理体系

根据智慧林业发展目标,按照国家林业行业标准及相关管理制度的要求,优先建设一套以智慧林业标准、制度、安全等为核心的综合保障体系,有力保障智慧林业的建设运营。

1.智慧林业标准体系建设工程

标准规范体系建设是智慧林业建设的基础性工作。在智慧林业建设和运行维护的全过程中,要遵循统一的标准、规范和相关技术规定,以保障信息资源的有效开发利用,云平台、计算机网络和其他设施的高效运行。智慧林业标准规范体系工程包括智慧林业总体指导标准,智慧林业信息网络基础设施标准,智慧林业信息资源标准体系,智慧林业应用标准体系,智慧林业管理类标准等。

2.智慧林业制度体系建设工程

林业信息化建设需要在遵循国家有关法律法规的基础上,建立健全日常事务、项目建设实施、信息共享服务、数据交换与更新、数据库运行、信息安全、项目组织等方面的管理办法和制度,为林业信息化建设保驾护航。在智慧林业建设运营过程中,需要制定出台更具针对性的智慧林业制度体系。

3.智慧林业运维体系建设工程

运维体系是智慧林业建设的根本保障,建立完善的智慧林业运维体系将对提高林业系统绩效、构建智慧型林业起到至关重要的作用。应按照"统一规划,分级维护"的原则,制定智慧林业系统的运维体系。运维体系主要由运维服务体系、运维管理体系、运维服务培训体系、评估考核体系四部分构成。

4.智慧林业安全体系建设工程

智慧林业安全的总需求包括物理安全、网络安全、系统安全、应用安全、数据安全、管理安全等,其目标是确保信息的机密性、完整性、可用性、可控性和抗抵赖性,实现信息系统主体(包括用户、团体、社会和国家)对信息资源的控制。

第四章 "互联网+"时代背景下农业监管体系的发展

第一节 农产品的网络化监控与诊断

如今,互联网已经渗透进人们的生活中,人们日常的生活、学习及工作已经和网络产生了极为紧密的关联,在这种背景下,网络营销逐渐进入人们的视野,并成为一个重要的销售渠道。网络营销指的是在计算机网络的基础上所进行的新型市场推广活动,它将网络作为重要的方法及媒介,降低了企业的营销成本,助力企业获取更高的经济效益。

在当今的市场条件下,农产品网络营销也开始在农业行业"崭露头角"。农产品销售者能够借助网络及时获取市场上关于农产品的需求信息,并根据这些信息对农产品的生产情况进行恰当调整,这样不仅有利于消费者需求的满足,同时也有利于农产品质量的提升及农业产业结构的合理调整。另外,农业生产者还能够通过网络获取其他国家或地区的农产品生产情况,并能够通过比较找出自身产品所具有的优点与不足,从而力争在产品上做到扬长避短,不断提升产品的市场竞争力。

一、产地环境监测

农业生产不可或缺的一个前提条件就是农产品产地环境,农产品产地的安全程度在很大程度上决定了农产品的安全程度,并且也会对社会经济、人体健康等造成直接的影响。通常,被污染的农产品产地具有隐蔽性、累积性、滞后性、难恢复等特点,因此其危害是巨大的,若是人们食用了这些被污染的产地所生产的农产品,那么就会对人体健康造成巨大危害。近年来,化肥、农药、激素等的不合理使用及劣质农业投入品的使用所引发的农产品质量安全问题受到人们的广泛关注,党和政府也对该问题十分重视。另外,因为农产品质量安全问题日益突出,若是不能合理解决,那么就对给人类健康造成极大威胁,并且可能会引发群体性事件,不利于社会的稳定发展。所以,相关部门及相关人员要做好农产品产地环境的保护及监督工作。

（一）农产品产地的开发及利用

农产品产地可以进一步细分为不同的类型，不同类型产地的开发利用方法介绍如下。

第一种类型——适宜生产区。适宜生产区，顾名思义，指的是适合对农作物进行种植的区域，其土壤中的重金属含量均未超标。其开发利用方法如下：第一，将基本农田保护区建设起来，进一步强化对产地环境的保护力度，避免当前的土地污染扩散到适宜区之内。第二，对适宜生产区中无公害的农产品产地进行认定，并对已认定产地实施全方位监管。第三，对节水节肥节药技术、生态栽培技术等进行大范围推广，避免在这些产地之中出现农业面源污染。第四，对绿肥加以推广，实行水旱轮作，修复产地环境，提高土地生产能力。

第二种类型——农产品警戒生产区。该生产区的土壤中存在着中度或者轻度的重金属污染情况。其开发利用方法如下：第一，若是耕地土壤仅仅存在轻度的重金属污染问题，那么可以通过重金属原地钝化技术对土壤中所含有的重金属进行沉淀或者是固定，让这些重金属的生物有效性明显降低。第二，种植重金属低吸收的农产品作物品种，降低重金属对这些作物成长的损害程度。第三，强化土壤的水肥耦合调控，改善耕地氧化还原电位，创造作物低吸收重金属的田间环境。第四，加强生产区农产品重金属含量快速检测，实时监控农产品重金属的含量，并实行农产品基地准出制度。

第三种类型——农产品禁止生产区。此种类型的生产区的土壤中存在着重度的重金属污染情况。其开发利用方法如下：第一，在食用农产品禁止生产区域，设立禁止生产标识，禁止生产蔬菜、水果、茶叶、粮油等食用农产品，对区域内生产的食用农产品就地销毁，禁止高污染的食用农产品上市销售。第二，切断食用农产品供应链，改种棉花、麻类非食用经济作物或观赏林木、花卉等，并切实加强非食用棉麻作物秸秆和观赏林木花卉修枝落叶的无害化处理，防止对周围环境的污染。第三，切实加强重金属污染严重耕地地区的区域综合治理和生态修复，防止污染向周围扩散和蔓延。

（二）适宜生产区的监控和保护

适宜生产区应将巡回检查作为其常用的监控手段。第一，相关部门要制定并实行乡村两级农业产地环境巡回检查制度，并在线、实时对废渣、废气、废水等的排放情况进行监控。成立农产品质量安全监管部门或者组织，让其中的工作人员每月定时到村内展开巡查，对其中存在的各种环境污染问题进行详细的记录、整理和上报。对于那些造成农产品产地污染的城镇或者企业，要严格查处。第二，对工矿企业准入标准加以调整，使之更加严格。对于重污染企业立即停止审批,同时也要避免新型工矿污染源给农产品产地造成新的污染。第三,对作物测土配方施肥和病虫害专业统防统治技术进行宣传推广,对秸秆、畜禽粪便等进行资源利用,对农村地区产生的垃圾、污水等进行集中无害处理,真正从源头上降低农村地区的污染程度。

(三)治理及修复受污染农产品产地的措施

首先,做好农村生活污染治理工作,进一步优化和完善农村地区的清洁工程建设。一是做好各村庄的路面整修及污水排放管道建设,真正提升农村环境质量,治理好农户乱排污水等问题。二是以城市社区建设及管理为参照,在农村建设生活污水净化池、废弃物发酵处理池、农业废弃物收集池和村级物业管理站,令农村的各种生活垃圾处理更加规范和有序,避免造成较为严重的生产污染。三是完善农村的环卫设施,并做好这些设施的运营及维护工作,让农户垃圾有处可扔,所扔垃圾能够及时处理。

其次,对于农业行业所产生的废弃物,要做好无害处理,并对部分资源进行再利用,如作物秸秆、畜禽粪便等,废弃物在农业领域实现再次利用。一是不可对作物秸秆进行焚烧处理,尽量令秸秆就地还田,或者是利用它们进行堆肥和秸秆制气、发电及资源化综合利用,杜绝乱烧乱弃作物秸秆的情况出现,避免这些行为给农业产地造成不必要的污染。二是推行垫料发酵床养猪技术和畜禽粪便无害化处理,大力推广"猪—沼—菜""猪—沼—鱼""猪—沼—稻""猪—沼—果"等生态农业模式,使畜禽粪便在农业生态系统中得到良性循环和高效利用,减轻畜禽粪便对农业生态环境的污染。三是大力实行农业清洁生产,每个农产品生产基地根据规模大小兴建1至2个农业废弃物收集池,定期收集农业废弃物特别是农药的塑料包装袋和农药瓶,并定期分类和无害化处理,避免因田间地头乱扔乱弃农业固体废弃物而造成农业产地环境污染。

最后,加强农业面源污染治理。大力加强对农业氮磷富营养化水体污染的阻控、拦截和净化,全面提高农业面源污染治理水平。一是大力推广和普及农业节肥、节药、节水生产技术,防止农药化肥等农业投入品的滥施乱用和农业用水的滥灌乱排。二是在农业生产基地的田块周围建立生态埂和农业生产污水拦截回流渠,在生态埂上和拦截回流渠中配置高富集氮磷的水生植物,第一次对农业生产污水实行阻控。三是在拦截回流渠与农业湿地之间兴建前置库塘,在库塘中配置高富集氮磷的水生植物群落,第二次对农业生产污水实行拦截。四是在前置库塘和流域水体之间,兴建规模适度的农业湿地,充分发挥水生植物和微生物的水体净化功能,第三次对农业生产污水实行净化。

（四）农产品产地环境监测质量管理工作的作用及影响因素

质量管理就是确定质量方针、目标和职责，在质量体系中通过质量策划、质量控制、质量保证和质量改进等实施和实现全部管理职能活动。环境监测工作质量是指与监测结果有关的各项工作对监测结果质量的保证程度。提高监测结果质量的前提是提高监测工作质量，衡量监测工作质量的指标包括质控数据的合格率、监测结果的产出率、仪器设备的利用率和完好率以及监测事故的出现率、应急监测能力等。同时，影响监测工作质量的还有一些隐性因素，如农产品产地环境监测人员的职业道德水平和爱岗敬业精神等。这就要求监测工作的领导者提高管理水平，不仅要搞好显性影响因素的管理工作，更要注重搞好隐性因素的管理工作，使所有参与农产品产地环境监测人员能共同努力，积极提高监测工作质量。

（五）农产品产地环境监测质量管理工作的不足之处

1.制度建设亟待完善

国家农业部门针对环境监测质量保证工作制定了明确的规定，指出了该工作的内容、职责及管理程序，这有利于推动质量管理工作走上制度化发展道路。各级监测机构还制定了持证上岗考核实施细则等规章制度和样品采集、样品保管交接、仪器设备管理和使用、数据审核等管理制度，这无疑为质量管理工作的制度化发展起到了突出的推动作用。但是，从目前来说，质量管理制度的发展仍旧未能跟上监测领域的发展脚步，两方面尚未实现完全的同步与契合。

2.环境监测数据不具备全然的真实性

监测机构的工作职责在于监测各类环境要素，并对监测数据加以整理和上报。因为读取监测数据这项工作本身并不影响监测站的利益得失，所以监测站通常会将测得的准确数据上报给相关部门。但是因为监测站的数据需要受到当地环保局或者政府的查看及审核，所以这些部门可能会因为考核名次或是政绩等因素而篡改监测站所上报的数据。

3.环境监测工作质量不到位

当今社会经济飞速发展，在这种社会背景下有很多新的污染源涌现出来，加重了环境污染程度。这就要求相关环境部门严格执法，并随时做好完成各种突发监测任务的准备，但由于人员不足、设备落后等问题令工作人员常常处于疲惫状态。在环境监测领域，受到自然和人为等各方面因素的影响和制约，在监测过程中往往会出现监测点位不全面、监测频率较低等问题，这使得最终测量出来的监测数据准确性不高，无法通过数据准确地获知当前环境的污染程度。无视影响因素而只顾实施监测工作，无法令监测结果的质量得到切实保障,那么环境监测工作的准度定然会受到极大的影响。很多项目的生态环境质量影响评价流于表面,令环境监测的监督职能被极大地弱化。这些问题都不同程度地降低了监测数据的准确度,使得人们无法通过数据来获知环境的质量变化情况及污染程度等,而这定然会给评价报告的质量造成突出的负面影响。

4.地方监测机构对室外质量控制重视不足

一般环境监测机构实验室都采取人员考核的办法,对分析仪器设备进行检定校准。实验室采用平行双样、加标回收试验、绘制质控图等办法来解决室内的质量控制问题,但却忽视了监测信息的代表性,监测目标的设计,技术路线的制定、布点、采样,样品的保存与运输,样品的交接等各环节的室外质量保证。那么实际上如果是不具有代表性的监测,室内分析的数据再准确也没有价值。

二、产地安全保障

农产品安全和人类身体安全有着十分紧密的关联。健康和生命对于人类来说是最为宝贵的,因此为了人类身体健康发展应当对农产品安全问题给予高度重视。我国将"高产、优质、高效、生态、安全"作为农业发展目标。要想扩展农产品产地,一个前提条件就是该产地不可存在质量问题。提升农产品竞争力和提升农产品安全程度是两个具有同步性的任务,唯有生产出安全的农产品,才能够让农产品在市场上占据优势地位,受到更多消费者的青睐。农产品安全是消费转型的必然要求,目前人们的基本生活消费正向保健、健康型消费转变。农产品安全是社会和谐稳定的需要。

我国农产品产地安全目前主要有 4 个方面的问题:资源缩减与衰退、生态破坏与生态平衡失调、环境污染和相关全球环境问题。关于产地安全研究的热点问题主要有:耕地缩减、退化与污染;水资源匮乏、污染及富营养化;水土流失与江河湖库淤积;森林面积减少与生态平衡失调;生物多样性缩减与遗传资源丧失;外来生物入侵;草地退化;工业"三废"污染;酸雨;电子垃圾;核污染;城市生活污水和垃圾污染;农药、化肥、兽药、抗生素、调节剂的滥用;农产品(食品)污染超标;转基因食物安全;环境污染与人体健康;塑料薄膜污染;秸秆焚烧;全球气候变化和大气臭氧层保护;海洋环境保护;自然灾害等,其中土壤污染是研究的重中之重。

受污染的农产品产地通常位于工矿企业附近,这些区域不存在较多的污染物种类,但是污染物质严重超标。位于大中城市郊区的农产品产地尽管存在较多的污染物种类,但通常不会出现高超标的问题。不同污水灌区的污染超标程度及污染物受到污灌时间和水污染程度的影响存在着一定的差别。详细而言,产地环境污染呈现出下列特点:第一,污染来源无法被有效控制,因为农产品产地整体环境并不是封闭的,它可能受到多种污染物的污染。第二,污染物种类多。农产品产地的污染物并不单一,它有着多种种类。第三,污染所造成的危害是长期的,因为部分污染物无法在短时间内被自然降解,若是不及时进行人工处理,那么污染会一直存在。第四,减消污染存在着较大的难度,重金属的处理工作本身就需要经济投入和技术投入,加之农业污染具有突出的随机性、分散性,这就进一步增大了污染减消的难度。第五,伤害滞后性,部分污染物所带来的环境危害短期内无法监测到,故而人们容易将该问题忽略。第六,部分污染物不易检测和识别。若是技术和检测没有达到一定的水平,那么就无法轻易地将这些污染物辨别出来。

三、风险预警

我国农产品生产产量基本满足我国市场需求,在这种农产品供给充足的背景下,农产品逐渐由卖方市场转向买方市场,供求态势相较以往而言有了明显改变,这提升了市场的竞争激烈程度,让市场面临着很多新的风险。在经济全球化的今天,农产品所面临的市场风险无疑更大。农产品的市场风险指的是产品所带来的利润和损失皆无法提前预知和测定,要想化解这些风险,就需要相关部门及农户自身不断提升管理水平。为此,需要引入新的管理理念、管理手段和管理方法,以实现农产品市场风险管理的创新。研究农产品市场风险预警管理是搞好农产品市场风险管理、缩短农产品供求宏观调控时滞以及稳定和提高农民收入的需要。

尽管我国农产品质量安全的风险防控建设已经启动,然而农产品生产过程涉及的风险警源复杂,既受生态环境、生产资料的安全性影响,也与农户的自身禀赋相关,加之我国地域辽阔,不同地区、不同产品的风险差异明显,使农产品质量安全的风险预警难度增加。在国家食品安全风险预警体系建设的同时,加大农产品质量安全的风险预警体系建设,不仅是农产品质量安全的保障需要,也是食品源头污染控制的需要。农产品质量安全的风险主要产生于生产(养殖、种植)环节,过程控制需要抓住关键控制点,采取危害分析和关键控点(HACCP)的管理理念,切实摸清农产品风险点,是预警防控的根本。狠抓源头治理和强化末端约束,能够实现农产品质量安全风险管控"双保险"。源头治理主要是杜绝不合格农资和假冒伪劣农资进入生产环节。严厉打击销售假冒伪劣农药、兽药的行为,加大买卖双方的违法行为惩处力度,对高毒剧毒农药实行以乡镇为基础的定点销售制度,经营者必须具有相关销售许可证,并对购药者进行详细登记,建立销售档案,实现高毒剧毒农药的市场可追溯。末端约束主要是强化农产品的残留检测,把好市场准入关。在农产品主产区建立风险监测调查点,及时通报预警信息,实行农产品残留必检制度,杜绝质量不合格、农药残留超标的农产品进入市场,落实"技术部门+农户(专业合作社)+超市"模式,与农产品生产者和城镇超市共同协作,实先"无污染农产品"产销一体化。

第二节 农资质量安全的追溯体系

经济社会的发展推动了农资市场的进一步发展,但农资领域的部分问题始终未得到彻底解决,例如产品质量参差不一、部分进销渠道不规范等,而这些问题的存在迫切要求工商部门强化对农业行业的监管力度。

农资行业有着庞大的市场空间,但是该空间却始终未构建起行业标准和市场准则,使得市场运行秩序混乱,在产品质量、产品销售方面问题频出。农资溯源管理系统的出现在很大程度上为企业采集产品信息、农户购买农业用品解决了后顾之忧,它是运用识别技术开发出来的一种新型管理系统,它能够确保企业方便、迅速地对产品质量信息进行采集。该系统会给所有农产品设定专属的身份信息,并通过对产品的追踪来确保产品质量合格且来源可查。举例来说,农民购买了农业产品之后,只需要在农资溯源管理系统的查询页面输入该产品的信息,那么该产品的所有相关信息都会显示出来。这也方便了那些购买到问题产品的农户通过系统查找产品的责任主体,并依法追究法律责任。

一、农资溯源管理系统的定义

在农业生产中,农资是极为关键的生产资料,它影响并决定着农产品的质量安全,也决定着农户最终收益的多少。所以,对于农业发展、农民增收、农村稳定等方面来说,加强对农资市场的监管,确保农资商品质量达标有着极为重要的意义。

农资溯源管理系统将所有产品的小销售单元赋的监管码,以二维条码和数码混合的方式体现,在生产过程中进行赋码。农资溯源管理系统通过监管码记录每件产品的生产日期、批号及原料来源、质监报告等生产相关信息,使用数据库进行储存。产品在出入库时将监管码激活,并上传到监管平台,在流通过程中通过扫描、打电话、录入监管码方式可查询生产日期、保质期、商品真伪、销售去向等信息,当出现质量问题时,可以根据监管码带有的生产信息追查原因,还可以根据监管码对应的发货信息检查市场是否有窜货现象等。

二、农资溯源管理系统的优势

农资溯源管理系统的建设为多方面提供了便利:农资执法监管部门借助该系统能够随时通过网络对农资产品及其生产经营主体进行审核与监管;负责农资生产经营工作的公司能够通过该系统获知产品是否存在不合法之处,并能够通过系统对产品的销售情况等进行准确把握;从农户的角度来说,通过该系统能够迅速地搜寻到农资产品的所有相关信息,有利于问题产品追责,从而确保自身权益得到更好的保障。该系统的存在为农资产品追溯提供了便捷的线上渠道,为农资产品召回提供了追索渠道,从根本上确保农资产品达到一定的标准,避免农户购买到不符合标准的劣质商品。

农资溯源管理系统的优势具体体现在:第一,农资溯源管理系统能保证农产品的可追溯性;第二,农资溯源管理系统能提高生产企业管理效率,减轻农产品管理工作强度;第三,农资溯源管理系统运用信息化技术实时监控农产品库存信息;第四,农资溯源管理系统进一步规范农产品防窜货管理流程;第五,农资溯源管理系统优化农产品市场销售情况,增进与消费者的互动。

三、农资溯源管理系统的价值

在互联网基础上展开的农资产品的监管与食品安全监管存在着较大的差别。举例来说,当前很多预包装食品都贴有与之对应的条形码,人们通过扫描识别查询码就能够看到与之相关的信息,但是当前大部分农资产品并未贴上对应的条形码,这样就增加了产品监管人员的工作量。在没有张贴条形码的条件下,监管部门的工作人员在对农产品进行监管时,就需要查看进货、销货的纸质单据,并且要亲自到现场对单据和产品的情况进行对照核实,这种溯源监管方式不仅耗费了工作人员大量的精力,也浪费了大量时间。要想让农资产品的每个环节和批次都能够轻易实现追溯监管,那么相关部门就要做好下列工作:

首先,搭建起完善的农资商品目录库。目前我国各农资产品在类型、规格、含量等方面都存在着较大的差异,因此相关部门必须搭建起覆盖全省甚至更广阔范围的农资商品目录库,并在目录库中说明商品的基本信息及票证信息。票证信息主要包括生产企业营业执照、生产许可证和相关批次农资商品的质量检验报告等文件。票证信息的上传者通常是农资产品的一级批发商,所上传的票证信息必须与目录库中的商品相对应。票证信息上传成功后需要接受工商所人员的审查核验,审核成功后系统会自动将其收录至对应位置,并对所有系统用户可见。下级经销商在购买商品之前,可以先通过农资溯源管理系统对产品的票证信息进行查询,若是查询结果为空,那么他们的正确做法是要求上级供货商尽快将票证信息上传至农资溯源管理系统,并且在系统成功审核通过票证信息后再落实后续的进货行动。从工商执法人员的角度来说,在日常工作过程中要及时将经销商出具的单据和系统显示的单据信息进行对照,若是存在不对应的情况,那么就可以依法对其进行监督或者查处,并让农资产品的营销链条形成倒逼机制,推动各级经销商及时地将票证信息上传至网络系统。

其次,建立齐全的农资商品流通识别码。针对农资商品大都没有条形码或二维码等识别码(以下简称农资商品流通识别码)的现状,可根据"对应农资商品目录库,按照产品批次赋予农资商品流通识别码"的监管思路,对每一批次的农资商品形成可识别的特性,实现农资商品的精确追溯。农资商品流通识别码,由农资主体识别码、商品信息代码及商品批次信息三部分组成,初步设定17位(根据识别码的发展趋势,以后可以升级为存储信息更为丰富的二维码)。其中,农资主体识别码4位,由字母和数字组成,通过农资监管系统对应农资经营主体数据库自动生成,一户一码,具有唯一性;商品信息代码由7位数字组成,第一位数字代表农资监管分类,例如,1代表肥料、2代表农药、3代表种子、4代表农机具、5代表农膜,剩余6位为该类农资中具体产品的流水号,由农资监管系统对应农资商品目录库的商品品种自动生成,一品一号,确保在全省范围内的唯一性(依据目前农资市场规模,初步设定了6位农资产品流水号,可涵盖99万种不同品种、规格、含量的农资商品);商品批次信息由6位数字组成,对应该批次商品的生产日期(年、月、日各占两位),由一级农资批发商根据产品批次信息录入。17位数据的生成,可有效实现对农资商品相关信息的精确锁定。在日常监管工作中,监管人员只需运用移动巡查终端设备对条形码(或识别码)进行现场读取,即可对相关品种及批次农资商品的监管信息,做到精确查询,对进一步提高监管效能大有裨益。

农资溯源管理系统的价值在于:第一,生产过程信息化管理,实现生产实时可视化;第二,农资溯源管理系统能提高物流作业效率,追踪每一件产品的流向;第三,农资溯源管理系统能透明化管理产品流通过程,遇到窜货现象及时报警,防止窜货事件的发生;第四,农资溯源管理系统通过物理防伪与信息防伪相结合,令防伪与打假轻松实现;第五,仓库智能终端的应用,实现仓库精细化管理及全程追溯。

第三节　农产品质量安全的追溯体系

目前,农产品贸易全球化已经成为必然趋势,农产品质量安全不仅和人类身体健康情况紧密相连,同时也影响着国家的稳定与发展情况。当今社会,消费者风险意识逐渐增强,农产品质量安全的负面影响日渐凸显,世界贸易组织协议开始将农产品质量相关问题纳入其中,上述种种都促使政府真正将农产品质量安全问题作为一项重要课题加以考虑和处理。对我国农产品质量安全管理体系展开研究,在保证人们身体健康、推动农业发展、助力农民增收、提升农产品竞争力等方面都可谓意义非凡。农产品质量安全追溯体系是针对食品安全而构建的,它能够实现产品从原辅料采购环节、产品生产环节、仓储环节、销售环节到服务环节的周期管理,也就是说市民购买一个产品后,通过扫描产品上的追溯条码,就能查到农产品的产地、上级批发商和下端零售商,一旦出现食品安全问题就可以快速逐级排查,为消费者的菜篮子加上了一道"安全锁"。

一、我国的农产品质量安全管理体系

质量安全管理体系是指在质量方面指挥和控制组织的管理体系,通常包括制定质量安全方针、目标以及质量安全策划、质量安全控制、质量安全保证和质量安全改进等活动。实现质量安全管理的方针目标,有效地开展各项质量安全管理活动,必须建立相应的管理体系,这个体系就叫质量安全管理体系。农产品质量安全管理体系是一个涉及诸多部门、诸多控制环节的综合管理体系。目前,随着新形势的发展,我国的农产品质量安全管理体系已初步形成,包括农产品质量安全监测体系、安全法律法规体系、安全标准体系、安全认证体系和保障体系等。

二、我国农产品质量管理体系建设现状

(一)农业技术标准体系初具雏形

质量技术标准体系是针对农业产业所制定出来的一系列技术基础及行为规范,它在推动农业产业的可持续发展方面发挥着重要作用。农业技术标准体系是农业行政执政需要参考的重要依据。若是技术标准体系错漏百出,那么检验检测工作就无法照常运行,其认证认可的结果自然不具备较高的可信度。在全球化趋势渐趋明朗的今天,我国农业行业的发展进入新的

阶段,其面临的机遇和挑战也是全新的。社会对农产品质量安全标准的需求日益迫切,农产品质量安全标准的作用日益凸显,农产品质量安全标准体系建设已引起全社会的高度关注。近年来我国在农业标准制定上取得了长足发展,各行业不断制定行业标准,标准数量逐年增加。在国家标准化管理委员会统一管理和卫生、农业、质量监督、检验检疫等相关部门的共同参与下,我国已经建立了包括国家标准、行业标准、地方标准和企业标准在内的标准框架体系。按照国家标准管理办法规定,国家标准、行业标准涉及农产品产地环境、主要农产品质量、安全卫生、检验检测、认证认可、高新技术及产品等方面,在全国范围内统一执行;地方标准包括区域性农产品的生产、加工技术规程和部分安全卫生标准,在本行政区域内有效;企业标准是指导企业生产的技术依据或操作指南,仅在本企业有效。

近年来,农业农村部制定了农业国家标准、行业标准和地方标准,并出台了无公害和绿色食品行业标准,标准涉及农业行业的多个领域,贯穿农业生产及产品销售的整个过程,可以说农业标准化体系已经初具雏形。但应当明确的是,当前我国所实行的农业标准化体系仍旧停留在较低的水平,所制定的标准并不十分完善,不同层级的标准之间存在着交叉、重复等问题。所以,相关部门要进一步努力做好农业标准的建设和优化工作,真正让我国的农产品质量安全标准达到国际化水平。

(二)农产品质量监管体系初步建立

我国已经初步建立了农产品质量安全监管体系。国家一级政府农产品质量安全监管工作主要由食品与药品监督管理局、卫健委、农业农村部、国家市场监督总局和商务部共同负责,向国务院汇报工作,并且自成体系,在省、市、县都分别设有相应的延伸机构,每个机构都有自己的具体机构和管理范围。食品药品监督管理局主要负责食品、保健品、化妆品安全管理的综合监督、组织协调,依法组织开展对重大事故进行查处,负责相关产品的审批工作。卫健委主要负责拟定食品卫生安全标准,牵头制定有关食品卫生安全监管的法律、法规、制度,并对各地方执法情况进行指导、检查监督,负责对重大食品安全事故的查处、报告,研究建立食品卫生安全控制信息系统。农业农村部主管种植养殖过程的安全,负责农田和屠宰场的监控以及相关法规的起草和实施工作,负责动植物产品中使用的农业化学物质等农业投入品的审查、批准和控制工作,负责境内动植物及其产品的检验检疫工作。国家市场监督总局主要负责农产品生产加工和出口领域内的安全控制工作,负责农产品质量安全的抽查、监管,并从企业保证农产品安全的必备条件抓起,采取生产许可、出厂强制检验等监管措施,对农产品加工业进行监管,建立相关的认证认可和产品标识制度。商务部负责整顿和规范农产品流通秩序,建立健全农产品质量安全监测体系,监管上市销售食品和出口农产品的卫生安全质量。体系内的各部门采用分段监管的模式,各自监管职责范围内有关农产品质量安全的相关事宜。

(三)检测检验体系正在加强

农产品质量安全检测检验体系,是依照国家法律、法规和有关标准,对农产品(含农业生态环境和农业投入品)质量安全实施监测的重要技术执法体系,在农产品质量安全评价、农业依法行政、市场秩序监管和促进农产品贸易发展方面担负着重要职责,在农业产业结构调整、农产品质量升级、农产品消费安全和提高农产品市场竞争力等方面具有重要作用。各级政府和农业部门对农产品质量安全检验检测体系高度重视,经过多年努力,我国农产品质量安全检验检测体系建设框架已经基本建成,通过各级政府投资建设,检测机构的条件有了一定的改善,从业人员素质得到了显著提高,检测能力基本能达到我国农业重点产业和产品的国家标准、行业标准和地方标准的规定,并初步形成了集质量评价、市场信息、技术服务和人才培训为一体,部、省、县级相互配套、互为补充的农产品质量安全检验检测体系,为加强农产品质量安全监管提供了技术支撑。农产品质量检验检测机构主要是以农业部门的质检机构为主,上至农业农村部、中国农业科学院等所属专业性质检中心,下至地方省市级农科院的综合性质检机构以及专业的检测和管理机构,开展对种子、农药、农机、畜牧、土肥、环境等的检验检测。今后一段时间需要解决的问题就是进一步健全机构,建立相关的食品安全毒理学评价中心或者基层的检验室,提高检测技术手段。

(四)质量认证工作取得一定进展

认证是保证产品、服务和管理体系符合技术法规和标准要求的合格评定活动,是国际上对产品、服务和管理体系进行评价的有效方法。我国农产品质量认证工作可以追溯到改革开放初期,认证工作的实施对各部门履行行政职能和行业管理起到过积极作用。但随着市场的逐渐开放,计划经济体制下制定的不同认证,在各部门各自为政的情况下,多头管理、多重标准、重复认证、重复收费的现象越来越明显。为提升我国农产品质量安全水平,尤其是加入世界贸易组织后,对农产品质量安全工作提出了更高的要求,我国于2002年出台《关于加强认证认可工作的通知》,建立了全国统一的国家认可制度和强制性认证与自愿认证相结合的认证制度。

目前我国现有的农产品认证种类较多,按认证方式分主要有强制性认证和自愿性认证;按认证对象分主要有全国性认证、行业认证和地方认证;

在产品认证方面,主要开展无公害农产品认证、无公害农产地认证、绿色食品认证、有机食品认证和食品质量安全认证等;在体系认证方面,主要有危害分析与关键点(HACCP)认证、投入品良好生产规范(GMP)认证和中国良好农业规范(GAP)认证、卫生标准操作规范认证(SSOP)、ISO9000 体系认证等。此外,农业部还开展了农机产品质量认证以及种子认证试点为主的投入品认证工作。农产品认证除具有一般产品认证的基本特征外,还具有认证周期长、环节多、过程烦琐、地域差异大、风险评估因素复杂等特点。因此,下一步我国应逐步大规模推广各种体系与产品认证,规范生产者的行为,提高农产品质量安全水平,保障消费者权益。

(五)法律法规不断完善

严格、完善的法律法规体系是保证农产品质量安全管理工作顺利开展的重要保障。针对农产品质量安全标准、产地环境管理、生产管理、销售管理、质量安全监督管理等方面,我国农产品安全立法经历了从无到有,从综合立法到专门立法的过程。目前,农产品质量安全管理方面的法律法规体系主要包括四个方面:一是产地环境方面的法律法规,如《中华人民共和国农业法》《中华人民共和国环境保护法》《基本农田保护条例》《中华人民共和国清洁生产促进法》《中华人民共和国大气污染防治法》《中华人民共和国海洋环境保护法》《固体废物污染环境防治法》等;二是生产过程控制方面的法律法规,如《中华人民共和国动物防疫法》《中华人民共和国渔业法》《中华人民共和国农业技术推广法》《农业转基因生物安全管理条例》等;三是农业投入品方面的法律法规,如《中华人民共和国农药管理条例》《中华人民共和国兽药管理条例》《饲料和饲料添加剂管理条例》等;四是终端产品管理方面的法律法规,如《中华人民共和国农产品质量安全法》《中华人民共和国食品安全法》《中华人民共和国标准化法》《中华人民共和国产品质量法》《无公害农产品管理方法》《绿色食品标志管理方法》等。

(六)农产品质量安全追溯制度

对于农产品质量安全追溯信息化平台应用而言,追溯制度是不可缺少的一项制度保障。具体而言,农产品质量安全追溯制度包含如下内容:第一,投入品备案许可制度。对农业领域的各项投入品严格落实准入备案许可制度,严格控制好农资批发商和配送中心的数量,真正从源头抓好农产品的质量安全工作。第二,种植记录管理制度。该制度的实施能够进一步完善农产品的追溯渠道,让消费者通过相关渠道能够获取农产品在种植过程中的各种详细信息,了解农产品的各种相关劳作过程。第三,加工管理制度。加工环节也在很大程度上影响着农产品的质量安全水平,所以也要进一步强化对加工环节的管理工作。第四,流通管理制度。该制度的实施能够让农产品的流通过程变得可追溯,能够避免在流通过程中部分商贩将次品掺杂在优质农产品中,确保品牌利益不因这些违法违规行为而受到损害。

三、完善农产品质量体系的对策建议

(一)健全国家的监管组织体系

无论是相对分散管理还是相对统一管理模式,都非常注重多部门之间在监管领域以及环节上的分工明确和协调一致。在我国,涉及农产品安全监管的机构也很多,目前对农产品安全的监督管理职责主要是按照监管环节划分,即一个监管环节由一个部门监管,以分段监管为主,品种监管为辅。这种由处于同一权力水平的不同部门分段管理的管理模式,各部门执行各自的部门法规,缺乏相互沟通与衔接,难以满足人们对农产品质量监管的要求。尤其食品药品部门的监管权威性不够,其他部门的管理职能交叉、管理缺位、职责不清,导致政出多门的问题长期没有得到有效解决。因此,必须进一步理顺农产品安全监管职能,明确责任,将现行的"分段监管为主、品种监管为辅"的模式逐渐向"品种监管为主、分段监管为辅"的模式转变,形成以农业部门和食品药品监管部门为主,其他部门履行相关职责并加强相互配合的"分工明确、协调一致"的监管组织体系。

(二)完善质量标准体系

完善的农产品安全质量标准体系,是保证农产品质量,提高农产品安全,使我国农产品能够参与国际竞争的基础性条件。目前,我国农产品安全质量的相关标准由国家、行业、地方和企业四个等级的标准构成,而且都为强制性标准。在标准化监管方面近年来有较大的改进,企业农产品安全水平明显提高。政府有关部门应借鉴国外发达国家的经验,分析国际农产品安全质量标准体系,加紧研究和制定适合我国的农产品安全质量标准体系,包括农产品本身的标准、加工操作规程等各项标准,促进我国的农产品质量标准体系的协调和统一。建立科学、统一、易于实际操作的农产品安全质量标准体系是解决当前农产品市场秩序、改善本产品安全质量的前提。

(三)规范检测检验体系

建立合理的农产品检测体系是有效控制农产品质量安全的关键。规范合理的检测体系需要制定农业加工业检测标准,完善农产品供应链各环节的检测,建立并且完善农产品各级检测体系的管理,开展检验检测技术科学研究。此外还要提高认识,科学定位监测体;合理规划;发挥监测体系作用,创新机制,拓展监测服务领域;增加投入,提高监测能力水平以及加强培训,提高监测队伍素质。

(四)严格质量认证体系

制定严格的农产品质量认证体系需要遵守国际通用规则,因地制宜地制定适合本国的农产品质量安全管理与技术政策。严格源头治理、过程控制、全程服务农产品生产者是农产品质量安全管理的重点;满足消费需求,降低生产成本,提高生产效益是农产品质量安全管理的目的。在认证制度上,要不断完善农产品认证法律法规建设,强化制度保障;借鉴美国多元化农产品认证制度,实施强制性农产品认证;坚持政府推动为主,加大财政投入力度;积极签订多边互认协议。

(五)完善法律法规体系

我国虽然制定了一系列有关农产品安全的法律,如《中华人民共和国食品卫生法》《中华人民共和国产品质量法》《中华人民共和国消费者权益保护法》《中华人民共和国农产品质量安全法》等,但缺乏一个统一、完整的法律体系。目前制定的法律已不能适应当前农产品安全形势的要求,这直接影响到监管措施能否有效实施,也和国际农产品质量安全方面的法律法规体系相差甚远。因此我国要加强与国际农产品法典委员会(CAC)的合作与交流,明确各政府部门、农产品生产企业在农产品安全方面承担的义务和责任,明确农产品生产者、加工者是农产品安全的第一责任人,政府各部门通过对农产品生产者、加工者的监管,监督企业按照农产品安全法规进行农产品生产,并在必要时采取制裁措施,最大限度地减少农产品安全风险,把农产品卫生提升到农产品安全的高度。

第五章 "互联网+"时代背景下农业平台体系的发展

第一节 农村土地流转公共服务平台的建设

一、农村土地流转概述

农村土地流转是指农村家庭承包的土地通过合法的形式,保留承包权,将经营权转让给其他农户或其他经济组织的行为。农村土地流转是农村经济发展到一定阶段的产物,通过土地流转,可以开展规模化、集约化、现代化的农业经营模式。农村土地流转其实指的是土地使用权流转,土地使用权流转的含义,是指拥有土地承包经营权的农户将土地经营权(使用权)转让给其他农户或经济组织,即保留承包权,转让使用权。我国现实的农地制度是农地所有权归村集体所有,经营权与承包权归农户。基本公共服务是指建立在一定社会共识基础上,由政府根据经济社会发展阶段和总体水平来提供,旨在保障个人生存权和发展权所需要的最基本社会条件的公共服务。主要包括四大部分:底线生存服务,如就业、社会保障等;基本发展服务,如教育、医疗等;基本环境服务,如交通、通信等;基本安全服务,如国防安全、消费安全等。农民工基本公共服务均等化就是维护农民工的基本权益,这包括平等的政治权利、平等参与经济活动与平等的发展成果分享权。

二、农村土地流转现存问题

从总体上看,目前我国农村的土地流转情况是健康稳定的。但应当指出的是,伴随着土地承包经营权流转的速度加快、规模扩大,且流转对象及利益关系变得更加复杂多元,农村在土地流转方面也出现了一些问题,具体阐述如下。

(一)土地流转不规范

农村土地流转有着突出的随意性,很多农户往往是口头约定,并未签订正式的书面协议。当前,农村在土地流转方面广泛存在着下列现象:流转对象大多是亲戚朋友,而非专业大户;流转大多是转包、出租或代耕,而非直接

将土地使用权转让出去;进行流转时多是口头讨论和商定,而较少会签订书面协议。具体而言,农村土地流转存在下列问题:

一是口头化。农村土地流转在口头商定后不签订书面的合同或者协议,即便部分农户签订了合同,但合同内容也不完整,仍旧存在部分口头式约定。口头商定就会导致交易中双方的权利义务不明确、土地流转日期不明确等。

二是短期化。农村土地流转的限期往往较短,大多限定在一年之内,流转期限超过五年的极少。

三是随意化。农村土地流转有着突出的不确定性,没有外在的监督和约束,会产生较多矛盾。另外,即便部分农户签订了合同,但手续不全、合同条款不完备,没有充足的法律保障,这就使得土地流转关系呈现出一定的混乱状态,不利于农村土地管理工作的开展。

(二)流转规模小,效益不理想

需求的规模化和交易的零散性之间的矛盾给土地流转带来了突出的负面影响,该矛盾不利于流转规模的扩张和流转效益的提升。部分大型企业和种植大户往往需要规模较大的土地来开展自身的经营活动,但农户流转的往往是小规模的零散土地,这就造成了供需之间的不平衡,导致交易成功率不高。另外,土地往往是在小户和小户之间流动,较少流向大户。在这种情况下,企业和大户无法获得大规模并且可以长期利用的土地,所以很难实现理想的机械化生产和规模化经营,无法有效提升土地效益。流转期限较短也使得很多贪求利益的农户在从事生产经营活动时不考虑给土地带来的后果,使得很多土地的肥力下降。

土地流转并未将农地市场价值充分体现出来,流转未能获得预期的收益。不同农村地区对土地流转的租金有着不同的定价,具体价格主要由交易双方协商决定。

另外,土地租金呈上涨趋势。农村实施税费改革之前,农民有着较为沉重的负担,且粮食的价格也处于较低水平,在这种情况下农户之间往往会进行免费的土地流转,不收取土地租金,只要求租户上缴土地的各种税费。农村实行改革之后,加上受到国家政策的支持和推动,农村土地收益有了大幅上涨。受市场价格的影响,农户常常会因为转包费或者租金等发生争议。

(三)农民对土地承包经营权流转认识不足,积极性差

农民必然以土地为依托进行农业生产活动,土地可以说是农民生产生活不可或缺的一项重要保障,土地对于农民的重要性不言而喻。恰恰因为土地对于农民来说极为重要,所以很多农民担心土地流转后会失去土地的

承包权,担心失去最基本的生活保障。受这种心理影响,很多农民做出了十分不理性的决定:要么免费将土地流转给其他人,要么将土地遗弃或抛荒,自己不种也不让别人耕种。农民对土地的依附性使农民产生了忧虑心理,农民的忧虑又使得土地无法实现顺利流转,造成该问题的一个重要原因就是农村尚未建立起较为完善的社会保障制度,无法彻底消除农民内心的忧虑。

(四)流转服务待完善,流转信息不畅通

当前,很多农村地区并未建立起规范的土地承包经营权流转市场,在流转方面缺乏合格的中介或者评估机构。部分农村地区尽管成立了中介组织,但却未给农户提供合格、优质的服务,也并未形成较为完善的市场运作机制,土地流转方面仍旧存在着很大的限制。

(五)农村土地流转缺乏规范管理

农村在土地流转管理方面没有制定出明确、详细的规章制度,因此在流转过程中很多问题无据可依。基层政府和村级组织往往也无法提供较为完备的流转服务,相关部门的管理及监督等工作也未能到位。

对基层行政干预未形成有效约束机制。很多村委会或者社区会直接代替农户进行农地流转,在流转过程中农民自身的意见并未得到充分的尊重。部分农民并没有形成鲜明的土地财产权利意识,在土地流转方面完全交由村干部做主,这就使得在土地流转过程中很多农民不知不觉就失去了土地。另外,部分地方在签订承包合同方面不符合规范,经营权证并未交予农户手中,农民在承包土地方面得不到切实的保障。流转合同并未将物价和土地价格上涨等方面考虑在内,这就不可避免地会引发一些纠纷。此外,相关部门并未在政策上给予农村土地承包经营权流转相应的扶持,农村地区的很多种植大户和养殖大户无法顺利地贷款,并且也给农村土地承包经营权流转和规模经营等方面造成了极大的阻碍。

(六)土地流转利益纠纷仍然存在

土地流转纠纷通常来说有如下表现:在土地流转过程中很多农户并未签订合同,对流转中双方的权责和义务并没有做出明确的规定,这就使得双方之间容易出现纠纷;在土地长期流转过程中,并未建立完善的利益协调机制,受到市场行情变化、经营风险等方面的影响,双方容易在利益方面出现各种矛盾;另外,部分农村地区的干部并没有充分认识到维护农民土地权益、严格落实农村基本经营制度的重要性,主观上认为农村地区应当尽快实现规模化经营,但这种不切实际的想法令农民土地合法权益受到了极大的损害;还有部分农村地区忽视现实条件,只顾针对流转方面下达任务指标,

不尊重农民意愿,强制对土地进行流转

(七)土地流转过程中存在承包人改变土地用途的问题

在农村土地流转过程中,有人将原本的农业耕地挪作他用,甚至在土地上进行非农建设。可以说,在流转过程中存在着较为突出的改变土地农业用途的问题。因为在土地上种植粮食获得的收益较低,所以很多耕地流转至其他农户手中之后就改变了用途,不再用于耕地,种粮食的土地面积不断缩小。在未来较长一段时间内,很多农村地区可能会出现下列情况:土地流转总面积不断增大,种植粮食的土地面积则不断缩减。在我国南方丘陵山区,部分农民因为外出务工而无法继续耕种土地,故而将土地无偿转交给其他农户,但是受到生产条件等方面的制约,这些土地最终出现无人耕种的情况。流转出去的土地有大部分仍旧是种植业用地,但也有部分土地被租户用于从事牧业、渔业和第二、第三产业,甚至还出现了部分非农土地流转。部分农村地区的农户对流转土地实施掠夺式经营,甚至在其中建设永久性固定设施,这些无疑都违反了国家关于土地流转的相关规定。

三、农村土地流转公共服务平台的发展状况

(一)农村土地流转公共服务平台的建设内容

建立土地流转服务中心、服务平台,实质上就是为农村土地流转活动提供一个交易行为的活动场所和信息交流平台,只有拥有开展工作的硬件设施、软件功能,才能充分发挥土地流转服务平台的重要作用。服务平台要有必要的硬软件设施建设,首先要有适应土地流转交易活动的交易场所,有区、乡(镇、街、场)两级信息联网体系,村级服务站在村委会办公楼要有固定的办公室。在软件建设方面,区、乡(镇、街、场)两级要有固定的网站网页,有充实可靠的转出、转入和流转成交的流转信息;交易大厅要有《农村土地流转规则》《土地流转运作流程图》《土地流转服务承诺》《工作人员守则》《工作人员违纪违规行为监督查处办法》《土地流转服务指南》《财务管理制度》《农村土地流转须知》等相关制度和资料公示上墙。建立和完善相适应的配套服务组织是关系到土地流转进程顺利与否的重要因素。各乡(镇、街、场)经管站要根据需求积极组建由区、乡农业、经管、国土等部门参加成立的农村土地评估组织,并充分参考当地生产水平和农民的意见,对要求评估的土地及时进行收益评估,促进土地流转工作稳步有序进行。

(二)农村土地流转公共服务平台运作模式及运作机制

1.运作模式

先由转出户和需地户向村服务站提出申请,说明流转的原因、期限、形

式、价格等,以村为单位登记,上报镇街土地流转服务中心,经审查和收益评估后,在交易服务大厅信息电子显示屏公布,然后组织转出方和受让方进行洽谈协商,免费进行流转合同的签订、鉴证、归档管理写作。

2.运作机制

健全镇街农村土地流转服务中心工作制度,坚持公开、公平、公正,合情、合理、合法的原则,遵守土地流转规程,恪守职业道德,引导土地转出方和需求方自觉向镇街土地流转服务中心提出申请并进行登记,避免农户之间自发无序流转,防止因土地流转发生纠纷。市成立土地承包纠纷仲裁委员会,并建立仲裁庭,各镇街要成立土地承包纠纷调解委员会,并建立调解庭。对因土地流转发生的纠纷及时调解仲裁,以保障土地流转工作的顺利进行。

(三)农村土地流转公共服务平台建设原则

要坚持以人为本、服务为主、便民利民、发展生产、提高收入的原则。把服务群众作为区(街镇)土地流转服务中心工作的出发点和落脚点,将群众的满意程度作为衡量建设成效的根本标准。

坚持政府扶持,经管服务的原则。政府发挥财政扶持主导作用,经管部门充分发挥服务职能,最大限度地实现信息共享,逐步实现服务的社会化、市场化和规范化。

坚持因地制宜,分步实施的原则。根据各地的实际情况统筹安排,科学规划,合理布点;建设过程分步实施,重点打造一批示范服务中心,以点带面,逐步推广完善。

(四)土地流转咨询服务制度建设

第一,农村土地流转服务管理人员要明确并掌握相关法规及政策,在此基础上将优质咨询服务提供给有需要的农户。

第二,工作人员要热情接待咨询农民,要始终用礼貌、耐心的态度待人,在服务过程中保证语言文明、解释到位。

第三,定期对员工进行业务培训,让员工具备更高的业务能力和政策水平。

第四,为农户提供多种咨询方式,例如建设咨询服务台、提供咨询热线、建设显示屏幕及宣传牌等,并且借助网络及多媒体渠道进行相关政策法规的宣传。

第五,咨询服务内容包括:受理、解答农村土地流转法律、法规、政策、土地流转知识、农村土地流转程序、农村土地流转供求信息等。

第二节 农业电子政务平台的建设

目前,在我国乡村振兴工作不断推进的过程中,农业和农村信息化建设成为一项重要内容。尽管相较于以往来说我国农业和农村信息化已经取得了较为显著的成绩,但总体而言这些方面的建设仍未脱离初级发展阶段,尚未达到理想的建设目标。特别是农村在信息资源开发利用方面存在着明显不足,很多农业信息资源无法得到充分的分享和科学的配置。

在大力发展农村、推行农村改革的具体进程中,怎样从农民的现实需求出发构建现代化信息平台,让农户通过便捷渠道获取信息资源并加以合理利用,是相关部门和组织需要着重思考的重要课题。

一、农业电子政务的定义

电子政务是指国家机关在政务活动中,全面应用现代信息技术、网络技术以及办公自动化技术等进行办公、管理和为社会提供公共服务的一种全新的管理模式。我国自古以来就十分重视农业发展,农业在我国经济发展方面发挥着极为关键的作用。在农村地区加强电子政务建设,能够有效推动农业经济发展,并且为农村经济打造现代化优质平台。电子政务对信息技术进行了有效利用,让政府组织和工作流程在互联网的支持下实现优化重组,让政府所提供的服务变得更加高效、优质和透明。具体而言,建设农村电子政务平台需要做好下列工作:

第一,在数字农业网络的基础上搭建政务公开平台。实行改革开放后政府职能发生了较大转变,总体上朝服务型政府发展。政府的职能在于管理、服务和保障。为进一步建设好农村地区,政府相关部门可利用现有资源打造农村电子政务平台,通过该平台将政府工作过程展示出来,让农民能够随时随地对政府工作进行监督。

第二,完善监督机制,强化廉政建设。网络的存在方便了人们对信息的表达和传递,因此政府可加强门户网站建设,让公众借助网络平台就能够落实监督工作,并有机会通过网络参政议政。目前,让农民通过门户网站落实监督工作有助于提升民众的民主参与程度。近年来,农村地区相关部门积极搭建政府门户网站,将农村地区的管理、财务、信用等方面的工作情况上传至网络,自觉接受群众的严格监督。这能也够让政府在日后的工作过程中更加公正、廉洁。

第三,提高机关效能,推行办公自动化。政府部门办公自动化系统应以公文处理和机关事务管理(尤其以领导办公)为核心,同时提供信息通讯与服务等重要功能。

第四,确保网络安全,强化内部管理。网络安全可靠是电子政务工程正常运转的关键。要认真贯彻落实国家、省、市关于电子政务网络安全的要求,按照积极防御、综合防范的方针,制定网络安全管理办法,建立电子政务网络与信息安全保障及灾难数据备份体系。从硬件、软件两方面保证电子政务网络安全,管理上明确权限划分,重要内容和资料非管理员不能访问,保证网络安全运行。

二、农业电子政务的特征

目前的农业电子政务与传统政府公共服务之间既有相同之处,又具有一些不同。比较典型的差别在于农业电子政务具有突出的便捷性、平等性、直接性、低成本性等特点。

我国农业的生产特点及管理特点共同决定了我国必须进行农业电子政务建设并对其加以完善。相较于发达国家来说,我国在根据市场行情调节农业生产结构的能力、农产品在国际上的竞争力等方面仍旧较为薄弱。唯有建设并完善农业电子政务相关工作,农业行业的生产者和经营者才能够借助网络平台获取农产品市场上的最新鲜资讯,才能够根据市场需求等对自身的生产结构进行调整,降低农业生产的盲目性,让最终生产出来的农产品更加符合市场需求。另外,农业电子政务从某种程度上来说也是对我国现行农业管理体制的补足,能够推动农业领域各相关部门之间的信息共享,为农业行业的迅速发展助力。

三、农业电子政务的实际运用

我国有着大量农村人口,农村土地分布较为分散,农业生产效率始终维持在较低水平,农产品在国际市场上并不具备较强的竞争力。当前,我国农业正逐步朝现代农业发展,在此过程中离不开对信息技术的利用和对信息资源的获取,这就使得农业生产服务部门要将科学的信息服务提供给有需要的人。现代农业将产业理论视为重要依据,注重市场信息的引导,注重对信息技术的应用,力求谋求农业领域的可持续发展。在此背景下,农村地区相关部门和组织不仅要积极打造电子商务平台,还要积极建设发展农业电子政务,争取让农产品在营销方面也实现变革发展。

第三节 农业信息服务体系的构建

一、农业信息服务体系的定义

农业信息服务体系是以发展农业信息化为目标,以农业信息服务主体提供各种农业信息服务为核心,按照一定的运行规则和制度组成的有机体系。农业信息服务体系与农业信息体系、农业市场信息体系不同。农业信息服务体系是农业信息体系的保障体系,农业市场信息体系则是农业信息体系的一个组成部分。农业信息体系的核心问题是研究组成该体系的农业信息资源的类型和结构,研究"是什么"的问题;而农业信息服务体系则是研究如何有效整合农业信息资源从而为农业信息体系的建立和运行提供保障,研究"怎么做"的问题。农业信息服务体系侧重于研究"主体的行为",即研究农业信息服务体系的运行方式及农业信息服务主体如何提供信息服务。

二、农业信息服务体系构建原则

相关部门和组织要按照下列原则来搭建农业信息服务体系:

第一,系统化原则。人们最终搭建起来的农业信息服务体系应当是十分完整的,并且要做到功能齐全、层次清楚,有着明确的主体。

第二,动态化原则。因为农业领域的生产活动和经营活动在很大程度上受到季节等因素的影响,所以最终搭建起来的农业信息服务体系要与农业的生产和经营规律相符合,力争让所提供的信息更符合用户需求。另外,该体系还要随着农业行业的发展而不断优化升级,故而其运行有着突出的动态性。

第三,针对性原则。为了更好地发挥作用,农业信息服务体系的运行方式、服务内容都应当是特定的。信息服务体系中的服务主体要对农业市场的发展变化情况加以及时了解和把握,并力争将最优质的信息产品和服务提供给农业信息用户。

第四,效益性原则。这里所说的效益具体涵盖了两个方面:农业信息用户效益和农业信息服务主体效益。最终建设起来的农业信息服务体系,不仅要将有效的信息服务和信息产品提供给有需求的农户,同时还要考虑到信息服务主体的利益,尽量令其生存需要得到一定的满足。

第五，竞争性原则。目前农业信息服务主体总量不多，但是各主体仍旧要完善自身的服务手段和模式，争取在农业信息服务领域形成自身优势，提升自身竞争力。因为农业信息服务行业正处于迅速发展进步的过程之中，将来会有更多主体进入该领域，唯有形成强有力的核心竞争力，才能够为将来的顺利发展奠定坚实基础。

三、农业信息服务体系构建思路

（一）探究并明确农业信息服务的目标

通常人们在对一个系统展开研究时，往往会先确定其结构，之后再研究其功能及绩效。而若是想将系统结构确定出来，首要任务就是明确系统目标。对农业信息服务体系而言亦是如此，唯有真正弄清楚农业信息服务体系想要实现什么目标，才能在现状的基础上进一步探寻出实现目标的具体路径。国家层面上的农业信息服务体系需要全国农业信息化的整体发展目标，既要全面，又要重点突出。而区域层面上的农业信息服务体系，则主要从地区的农业生产、农村生活实际出发，制定出符合该区域特点和实际需要的农业信息服务目标，解决基层实际问题。

（二）设计体系结构

体系结构是指主体的结构框架，实际上就是各类农业信息服务组织和个人组成的结构形式。一般来说，信息服务主体的形式、规模、专业化程度、组织化水平、驾驭信息的能力以及对信息的定价和发布结构都是选择主体的依据。由于农业信息服务最终要落实到主体提供的服务方式和服务内容上面，在对体系结构进行设计的过程中，一项重要任务就是选择主体的数量及类型。在进行选择时不可单方面地追求主体的数量，而是要从现实情况出发选取出最为合理的主体类型及数量，让最终确定出来的体系结构具有较为突出的发展潜力。

我国现行的农业信息服务体系存在着这样的问题：服务主体数量少且结构单一，功能不够多元。从服务主体的结构方面来说，国家层面和区域层面的农业信息服务体系存在着不同的问题，前者的问题是服务主体同质化倾向明显，服务类型较为接近，也就是从总体结构上来说不够合理，而后者的问题则集中在服务主体数量较少，尚未上升到结构方面的问题。

所以，人们在对农业信息服务体系结构进行设计的过程中，要从体系自身的特点出发对主体做出恰当选择。在选择国家农业信息服务体系的主体时，为了让内部主体结构更加优化，要始终遵循多渠道、多角度的选择原则；在选择区域农业信息服务体系主体时,要从区域现状出发,选取出那些能够有力推动地方农业信息建设工作发展的主体,并明确出最为合适的主体数量。

(三)探究主体功能及特点,力争实现主体功能良性互动

在对体系优劣进行评价的时候,不能单纯地查看其构成要素,还要探究这些不同的要素之间是否保持着良好的关系。若是不同功能主体之间彼此对立,拒绝与其他主体的协同配合,那么该体系就无法顺利地运行下去,最终所提供给农户的服务效果也并不理想。因此,在建设农业信息服务体系的具体过程中,要在其"属性"功能的基础上进一步探究其"附加"功能,并尽量实现体系内部各主体之间的良性互动。

(四)研究农业信息服务体系的运行方式和运行机制

体系具有动态性和开放性,必须通过自身的运行才能实现既定目标。运行方式直接决定着农业信息服务体系的运行效果,而运行机制对运行方式则起到保障和促进作用。因此,构建农业信息服务体系,必须要选择和整合其有效的运行方式和良好的运行机制。

四、都市型农业信息服务体系

(一)都市型农业信息服务体系框架

1.农业信息资源支撑体系

农业信息资源支撑体系主要由农业信息数据库、农业生产知识库、农业专家系统等构成。农业信息资源的开发利用主要是对分散、无序的农业信息资源进行有效的采集、加工、处理,实现农业信息资源的信息化、标准化、数据库化,为其传输和推广应用提供方便。

根据农业和农村经济发展的实际情况,充分把握农业信息用户的信息需求特征,有针对性地进行农业信息资源的开发,对分散农业信息进行有效的采集和处理,使之数字化、信息化,建立学科领域覆盖面广,实用性和针对性强的农业信息数据库、农业生产知识库、农业专家系统,以实现农业信息的规范化、标准化,提高信息资源的完整性、可获得性和适用性,为农业生产管理和经营者提供全面、及时、有效、易用的农业信息资源,以满足其信息需求。

(1)农业信息数据库

采取有效的农业信息采集机制和手段,加大农业信息的采集和加工整理力度,同时,加强农业信息的分类整理和加工处理,提高农业信息的实用性和易用性,建立一批学科领域齐全、内容丰富、质量高、实用性强的农业信

息数据库,如农业资源数据库、农业科技成果数据库、农业生产管理数据库、农产品市场信息库、农业生产资料数据库、动植物病虫害防治数据库、农业法规及政策数据库等。

(2)农业生产知识库

从实用性的角度出发,在农业信息资源开发利用过程中应针对各地实际农业生产情况,通过对专家知识的收集、整理、加工,建立针对性强、实用性好的农业生产知识库。

(3)农业专家系统

农业专家系统是一种智能程序子系统,内部具有大量农业专家知识和经验,可以利用专家提供的知识和解决问题的方法来解决农业过程中出现的复杂问题。农业专家系统中的知识内容来源于专家,但又高于专家,可代替农业专家进入农业生产第一线解决农业生产问题,在一定程度上弥补了农业专家和技术人员不足的问题。针对具体的区域、具体的作物或畜禽品种,开发区域特色明显、实用性强的农业专家系统。

2.农业信息传输体系

农业信息传输体系是指由农业信息传输技术和手段组成的技术系统,其功能主要是为农业信息传输和应用提供通道,以实现农业信息的快速传递与反馈。信息传输手段的可获得性、可操作性以及信息传输的经济性和效率将在很大程度上决定信息用户是否采纳和应用该信息传输手段。

建立起集电话、网络、手机短信、视频等多种信息传输技术于一体,互为补充的农业信息协同传输平台,通过技术集成,构建集电话、网络、手机短信、视频等多种信息传输手段于一体、互为补充、相互促进的农业信息协同传输平台,采用不同的农业信息传播媒介和手段为不同农业信息用户提供农业信息传输服务,从而提高农业信息的传输速度和利用效率。

3.农业信息服务组织体系

农业信息服务组织体系是由农业信息服务领导者、管理者、服务机构、服务人员等诸多要素按照一定方式相互联系起来的有机系统。农业信息服务组织体系的主要职能主要包括以下几个方面:第一,充分发挥领导和组织功能,组织和协调人、财、物等资源进行农业信息服务体系的建设。第二,建立相应的农业信息服务机构,制订相关工作计划和管理制度,搞好日常运行和管理工作。第三,充分协调和调动相关资源和技术力量开展农业信息服务。农业信息服务体系建设是一项系统工程,具有公益性强、牵涉面广、投资大等特点。无论是从目前亟须实现的信息化基础设施建设、技术集成,还是将来保证信息服务体系正常运作、提高信息服务质量的信息流拓源、业务模式创新等,都必须要有一个强有力的组织体系为保障。

农业信息服务具有较强的公益性特征,作为公共管理和服务机构的政府来说,理所当然应将农业信息服务纳入各级政府的重要工作职能之列。从国外发达国家农业信息化发展的成功经验来看,也无不体现出政府对农业信息服务体系建设和运行的引导和组织实施。以政府为主体的农业信息服务组织形式的特征是通过行政驱动来促进信息服务工作的顺利进行,其优点是宏观调控能力强,能够把农技、农资、供销、金融、教育等部门协调统一起来,协同完成大型的技术推广项目和促成大规模的农业信息服务活动。另外,由于在政策、法律法规、农业信息资源数据库、财政资金等方面的优势,因此这种组织形式在农业信息的综合服务方面具有显著的优越性。例如,在农业政策信息的宣传、大型信息化建设项目的执行、对农业市场宏观信息的把握等方面都具有明显优势。

要建立由各级地方政府牵头,涉农事业单位、企业、行业协会和组织等多方参与的农业信息服务组织体系,充分实现资源的整合,共同推动农业信息服务体系的建设和发展。一方面,要建立农业信息服务组织领导体系,对农业信息服务工作进行统一领导、统一规划和统一部署,组织和协调政府相关机构、涉农事业单位、通信企业等各方面的资源和力量,进行农业信息服务体系建设工作。另一方面,在信息服务的开展过程中,为了提高农业信息服务质量和效率,需要整合农、林、牧、渔、科技、农技推广、专业协会等各部门、各单位的专家资源,建立学科领域齐全、专业结构合理的农业信息服务专家服务队伍,为农业信息服务提供专家资源支撑。

4.支撑保障体系

支撑保障体系涉及基础设施、信息化标准、安全与综合管理、应用支撑等方面。

基础设施是农业信息化建设的物理平台。必须在统一的标准规范体系和安全体系框架下,有序地建设和管理标准统一、功能完善、安全可靠的基础设施。

标准规范体系是农业信息化建设的基础工作。尽快制定农业信息分类、采集、存储、处理、交换和服务等一系列标准与规范,建立完善的农业信息化标准规范体系,为应用系统、应用支撑、数据库和基础设施建设的规划、设计、实施和运营提供依据。

安全与综合管理体系是农业信息化建设的重要保障。结合基础设施建设,配置安全设施,制定安全规章和策略,健全安全管理机制,逐步形成农业信息安全体系,为应用系统和数据库的推广应用提供安全保障。建立健全与全国农业信息化建设要求相适应的管理体制,成立专门机构,充实人才队伍,推动综合管理体系建设,为农业信息化工作持续稳定推进提供组织保障。

应用支撑是实现应用系统开发的重要工具。应用支撑是从不同的业务流程和功能中提炼出来的,包括基础、通用的农业业务流程、农业空间数据模型及农业邮件、农业短信、统一认证体系等管理工具,为应用系统提供统一的服务访问接口。应用支撑主要是缩短各应用系统建设开发周期,使不同系统的完善和扩展遵循统一规范,解决应用系统开发过程中可能出现的低水平重复建设和"信息孤岛"等问题。

(二)都市型现代农业信息服务体系子系统

1.农业局政务网络平台

农业局政务网络平台的内容包括为涉农单位和公众提供统一互联网访问入口和集中管理控制的"一站式"门户,包括一站式行政事项审批服务、单点登录服务、统一认证服务、虚拟站点集群服务、搜索引擎服务等;为城市各级农业、畜牧兽医、海洋与渔业管理部门提供部门间政务协同服务;为涉农企业及农业主管部门提供完善的财政支农资金项目的申报和管理服务;为城市各级农业领导机关提供科学决策所需的农业、畜牧兽医、海洋与渔业信息汇总、分析服务等。

2.农业生产经营服务网络

(1)农业生产经营服务子系统。为物联网、新一代移动通信、云计算等先进信息技术与现代农业的融合,为龙头企业的农业物联网技术推广应用、现代农业、特色农业、都市农业的物流定位跟踪、设施生产远程控制、安全生产、环境监测应用等提供服务;为现代信息技术在农业产业化组织中的普及应用,龙头企业、农民专业合作社等多终端移动式信息服务,农作物病虫害综合防治信息库建设及远程视频专业辅导等提供技术支持和服务。

(2)农业数据及重大疫情灾情监测预警子系统。为物联网、新一代移动通信技术、云计算、3S(即遥感技术、地理信息系统和全球定位系统)等现代信息技术在农业监测预警领域的集成与应用服务,建立完善农业数据采集、分析预警体系,加强对农产品生产基地、批发市场基础数据的采集、整合、分析。以主要农产品需求、产量、价格等数据为监测基础,建设农产品供给安全信息系统,提升地区农业综合监测、市场预警能力。建立完善动植物重大疫病、病虫害监测预警体系及农村气象灾害预警信息综合发布系统,进一步提高农村防灾减灾能力。

(3)农产品质量安全信息服务子系统。建立农产品质量安全溯源信息平台和疫病监测防控信息平台,建立覆盖农产品生产、流通、加工、销售全产业链的诚信档案,推进农产品质量安全信息公开与共享。建立农产品安全农药使用信息库,从源头遏制农产品农药残留超标及滥用。建立农产品网络化认证和监管平台,加强基于农产品生产信息监管、信用记录、用户评价的农产品智能化认证,保障农产品质量安全。

(4)农村电子商务子系统。打造符合我国农村当前情况的电子商务平台,在农村地区建设电子商务服务中心,让农产品能够顺利实现线上销售,并让线上电商平台和线下展会结合起来,共同为消费者提供完善的销售服务。倡导大型企业或者是电信运营商带领和帮助部分农民办理"农家网店",充分利用互联网优势推动农产品的品牌宣传、提高产品销量。积极开展农民培训活动,将电商方面的知识和技能传授给农民,真正让他们做到自主经营网店,让他们利用互联网的优势实现农业收益的最大化。

(5)农村现代物流信息服务子系统。开展"五农对接"信息化示范工程,推动农产品供应链全程信息化服务,加强农产品供需对接。深化农村物流信息化改造,建立农村现代物流、连锁经营、配送管理等服务平台,优化重点农产品物流信息查询、智能配送、货物跟踪等信息化服务,研究建立工业品下乡与农产品进城双向流通模式。加强农产品批发市场和冷链供应等一体化物流信息化平台建设,逐步形成覆盖城乡的现代物流信息服务体系,推动农产品多式联运,提高流通效率。

3.农村综合信息服务网络

加强农村综合信息服务门户、农村信息服务站点、服务窗口、信息员队伍等建设。推动政府各部门及社会涉农服务的集成,集中开展农村大数据应用与推广。拓展服务站点和窗口的"村务公开""便民服务""学习培训"功能,推动农村信息数据收集整理规范化、标准化,提高数据采集和应用水平,努力实现平台支撑高效化、涉农服务一站化、基层站点村务管理一体化、村民服务便捷化、村民学习终身化。

4.农业数据服务网络

建成先进实用、安全可靠,集基础性、全局性的农业、畜牧兽医、海洋与渔业信息资源存储管理、共享与交换、发布、应用服务、托管、安全管理、标准制定、技术支持等功能于一体的农业、畜牧兽医、海洋与渔业数据中心,构建农业、畜牧兽医、海洋与渔业基础信息资源的集中存储与规范管理平台,逐步形成标准、开放的农业、畜牧兽医、海洋与渔业信息资源的服务窗口,成为农业、畜牧兽医、海洋与渔业行业信息枢纽及交换中心,为社会公众提供农业、畜牧兽医、海洋与渔业信息查询服务。

五、农业综合信息服务体系运行机制

(一)运行机制

为了协调农业领域相关各方的利益关系,就需要构建起科学、合理的利益分配机制,让各方参与者在该机制下都能够收获较为合理的利益,并有效地对潜在风险进行规避。

1.建立多渠道投资机制

目前,我国在农业信息服务体系方面的总体投入仍旧不足,无法令信息服务体系建设的全部需求得到满足。而解决上述问题的一个有效方法就是建立多渠道投资机制,可以让政府和社会进行分类投资。政府投资主要用于公共基础建设方面,社会组织的投资则更多地用在体系的运行及维护等方面。在农业信息服务体系的建设和完善方面,政府自然应当肩负起主要责任,发挥关键作用,但与此同时,政府也要积极倡导社会组织参与到信息服务体系的完善工作中来,在体系的运营和服务方面贡献自己的一份力量。

2.实现政府、企业与社团之间的协同服务

农民社团经营服务层次低与农民全方位的信息需求之间存在着一定的矛盾,推动政府、社团和企业这三者之间的协同服务,能够令上述矛盾得到有效的解决。实现政府、社团和企业之间的合作,能够将政府和企业的优势充分发挥出来,例如政府能够提供政策、资金等方面的支持,企业在市场、科技方面能够提供较为科学、精准的服务。另外,在三者联动的过程中,政府和企业也能够得到相应的利益。在这样的协作模式下,农民社团组织能够给农民提供更优质的农业信息服务,让农民在丰富的信息资源的支持下实现增产增收。

3.变分散服务为集中服务

以农村社团组织作为联系农村龙头企业与基层农户的纽带,把企业对分散农户的服务转化为对农民组织的服务,降低企业的信息服务成本,解决龙头企业利益最大化的经营目标与对分散农户的信息服务成本过高之间的矛盾。农村龙头企业通过转换服务对象降低对分散农户的信息服务成本和生产过程中的监管成本,同时,农村社团组织通过接受企业的技术培训也能提高自身的科技能力,能够更好地为组织成员服务,双方互惠互利,形成良性机制。

4.变个体消费为整体消费

当前很多农业信息企业都是在"售卖"农业信息资源,即农民交费之后才可以获取信息,但很多农民本身不具备较高的消费能力和消费水平,这就造成了信息企业和农民之间的消费矛盾。将原本的农民个体消费转变为农民集体消费有利于上述矛盾的解决。当前,我国很多农村地区经济仍旧处于较低的发展水平,农民在收入不高的情况下往往不会单独花费钱财购买农业相关信息,所以信息企业也无法迅速地通过售卖信息产品实现盈利,这就使得很多企业不愿意将时间和金钱耗费在信息服务方面。所以,相关部门要组织农户形成社团,并倡导他们在信息服务方面进行集体消费,降低个体消费成本,让他们更轻易地获取到农业信息。这样也能够有效地为信息服务企业打开农村地区的市场,促使企业以较快的速度将信息产品销售出去,在为农户提供信息服务的同时实现盈利目标。

(二)实现途径

1.优化信息服务环境

第一,强化组织领导,对农业信息相关制度规范加以完善。根据农村信息工作的特点,对信息平台建设、数据库建设、应用系统建设和对信息采集、流通、发布等各个环节建立相关的制度标准,主要包括农村信息服务站网络建设标准、农村信息资源数据库及应用系统技术标准、农村信息服务点认定标准、农村信息员认定标准、农村信息员工作制度,通过制度标准保障工作的科学性,提升服务的针对性,强化信息的有效性。

第二,增加资金投入数额。在农业信息化建设工作中,政府始终占据着主导地位,因此,政府当适当地对农业领域的财政支出比例进行调节,确保在不超出预算的前提下将更多资金投入在农业领域。另外,政府可以成立农业信息化建设专项资金,并将大量资金用于关键项目上,确保以最少的资金投入收获最为理想的农业发展效果。

第三,提升农民综合素养及信息运用能力。相关部门可与乡镇上的学校建立合作关系,利用学校的教室为农民开展信息化培训活动,将信息获取和运用的具体方法传授给农民,让他们在互联网时代能够用更便捷的方法获取农业行业及农业市场信息,并成功地将这些信息资源运用在实际的农业生产和销售活动之中。

2.大力加强农业信息化基础设施建设

坚持计算机网络建设与常规广播电视网、电信网等传播媒体建设相结合,充分利用多种传播渠道,实现各种信息服务媒体互联互动,做到信息服务手段实用有效。

第一,设施建设统筹规划,实现网络互通互联。以市级信息网络为中心,区乡(镇)级政府部门组织当地科技、农业、电信等部门进行县、乡、村各级的信息网络规划,加大资金投入,使信息基础设施连续、稳定地发展。

第二,网络新建与联合并举。积极发展计算机网络,同时以广播电视网、电信网建设为辅,逐步实现以标准统一的宽带网络为主、多媒体技术为主导、互联互通的完整的本地县、镇计算机网络,不断提高计算机的运行质量和水平。

3. 促进农业信息资源的整合与共享

第一,加强农业信息资源统筹规划。推动农业信息规范化、标准化,健全信息收集和发布制度。围绕农业生产产业链和农民生活需求,重点开发和整合市场、科技、农资、气象、水利、生态环境、质量安全、政策法规等信息资源,注重开发利用特色农村信息资源,加强面向农业产前、产中、产后各阶段的信息服务功能。积极支持对各类农业技术推广组织、农业合作与中介组织、龙头企业、农业专业合作社、农业生产经营大户、农村经纪人等的信息服务。

第二,重视解决横向"信息孤岛"和纵向"网站内容类同"的问题。通过制度化建设,改变信息重复采集、分割拥有、垄断使用和低效开发的局面。在纵向方面,建立完善的信息采集指标体系,开发通用的信息采集软件,推行统一的数据标准,采用公用模块的方式,实现一站式发布,全系统共享,全面提升农业系统信息资源的开发水平。建立农业信息资源目录体系和交换体系,明确各级政府、组织、社会力量的分工与责任。要以政府开发、拥有与积累的农业信息资源的整合与共享服务作为突破口,带动全社会各种组织参与农业信息资源的开发与共享。

第三,建设信息服务站(点)、信息化体验中心等形式多样的信息服务场所与设施,鼓励与乡镇政府、村委会及种植业、畜牧兽医、渔业、经管、林业、水利、食品质量检测等乡镇服务机构相结合,建设农村信息综合服务站。农业信息服务站建设应该实现综合服务,也就是"一个站点、多种功能"。综合服务场所可以集成各种服务:超市(小卖店)、农资、农业信息查询、信息咨询、电子商务、电子政务代理、信息技术培训、科技服务、远程教育、电话亭、邮件(包裹)代办等。通过为各部门(商务、公共服务、社会管理)提供多项服务,提高信息服务站在农民中的信任度,降低综合运行成本。还可以通过多种途径解决农村信息服务站运行经费供给问题。

第四,要减少共性涉农业信息资源的重复开发,要根据实际需求,集约建设一批开放共享的涉农公用信息数据库。加快涉农业信息资源目录体系和交换体系建设。要面向"三农"需求,从用户出发,加强对涉农业信息资源的深度加工处理,为用户提供易用有效的信息服务。

4. 建立健全乡村两级信息化服务组织

第一,强化乡村信息服务站(点)功能。加强乡村信息服务站(点)与相关业务的协同,利用乡村信息站(点),提高乡村两级事务管理的信息化水平,代理代办政府事务,促进乡务村务公开,完善乡村事务管理;用"一站式"的信息服务,实现区域内的信息交流和资源共享;对农民进行技能培训,提高他们的信息获取、信息应用能力。

第二,创新乡村信息服务站(点)服务模式。积极鼓励乡村信息服务站(点)运用计算机网络、广播电视、电话等多种信息传播途径,开展面向农民的多元化信息服务。

5. 加强农村应用信息系统的建设

第一,推进现代农业产业形成。加强粮食生产预测预报,建立和完善粮食安全监测信息系统,构建粮食安全预警体系。建立重大动物疫情监测和应急处理信息系统、动物标识及疫病可追溯信息系统,健全饲料安全管理信息系统,积极推行健康养殖方式。促进农业企业信息化建设,提高农业产业化龙头企业、农民专业合作社信息化水平及信息服务能力,鼓励农业电子商务实践,积极构建农业产加销信息一体化服务体系。建设各地特色种养业、特色产品信息平台,促进"一村一品"发展。

第二,推动农村电子政务。依托互联网,集约建设面向农村的公共服务门户网站,合理配置信息化公共服务资源,推动电子政务公共服务向农村延伸,提高办事效率。建立村务信息网络示范平台,实现农村财务、选举、固定资产、土地承包、计划生育等信息公开,为保证广大农民知情权建立信息通道。开设农村政务电子信箱,拓宽农村社情民意表达渠道,增强农民的参政议政能力,促进村民自治和民主管理。

第六章 "互联网＋"时代背景下农业服务体系的发展

第一节 农业标准化体系

构建中国农业标准化体系有助于中国农业发展步入新的阶段,在当今时代,推动农业发展,实现标准化经营是必须要走的一条战略道路。当前,我国农业标准化体系建设正处于初步发展阶段,仍有很多方面有待进一步完善。加快中国农业标准化体系建设,不仅要实现产品标准、操作标准、质量标准、实施标准和加工与包装标准五个方面的创新,建成标准、实施、服务、监测和评价五大体系,而且要提高生产经营者的农业标准化意识、制定农业标准化发展规划、完善农业标准化机构等。

农业标准化需要信息手段来规范,针对当前农业标准在管理、查阅、推广工作上存在的问题,结合农业标准信息化的发展趋势,构建网络化的农业标准服务平台,将农业标准集成到网络环境中,制定适用于网络的农业标准体系。研发农业质量标准信息化系统,首先调查研究各标准使用主体的需求,设计相应的数据库规范字段;然后通过标准间的引用与被引用关系,关联全库标准、项目指标、检测方法,同时对每项标准进行了多级分类,建立标准数据库原型。按照"整合资源、避免重复、共建公用、利益共享"的原则,收集、追踪农产品质量安全标准、农业行业标准、农药残留和兽药残留限量标准等,整合标准信息资源,确认数据有效性并加工整理成规范的文本信息,包括标准档案加工处理、标准信息的分类加工、标准计划与已发布标准的关联对应;最后上传全部数据构建农业标准数据库。采取"用户端＋服务器端"(C/S)结构设计,针对不同标准应用主体开发不同的功能模块,集成包括查询系统、推送系统、有效确认系统、统计与反馈系统的农业质量标准信息化系统。结合网络技术、多媒体技术和计算机技术建立高效的农业标准信息化体系,建立涵盖标准全文、项目指标和检测方法,并且数据准确有效、更新实时全面、查询便利精准、推送快捷多样的标准信息系统,为农业标准的深入实施应用提供技术平台,为农产品生产、检测、科研、监管部门标准化工作提供技术支撑;同时及时整理更新农业生产所涉及的标准(规范)及相关信息,并通过共享的信息平台进行发布,为农业标准的有效性、及时性、科学性提供保障。

一、农业标准信息库

目前,我国农业发展正处于转型过渡阶段,农业质量标准化、标准信息化成为我国提升农业竞争力、增强农业发展效益、加强农业监管工作所必须选择的战略途径。农业标准化和我国农业现代化、产业化、市场化的发展进程有着紧密的关联,是发展现代农业的迫切需要;农业标准信息化有利于我国更好地实现农业方面的执行和监督工作,为政府决策提供重要的信息参考和依据。

农业标准化是指以农业为对象的标准化活动。具体来说,是指为了有关各方面的利益,对农业经济、技术、科学、管理活动需要统一、协调的各类对象,制定并实施标准,使之实现必要而合理的统一活动。其内涵就是指农业生产经营活动要以市场为导向,建立健全规范化的工艺流程和衡量标准。农业标准化通过最小的投入实现最大的产出、实现效益最大化,是实现农民增收的有效途径,同时也是督促农民生产符合标准的优质安全农产品的过程。如何通过标准化手段把实施标准化生产转化为经济优势,进一步提高农产品质量,有力促进农业增效、农民增收,是农业标准化建设面临的重要问题。

(一)农业标准实施应用的重要性

在农业标准化活动中,标准的贯彻和实施是不可缺少的重要环节,它的重要性可具体阐述如下:

第一,实施标准对产业经济的发展能够起到有效助推作用,有助于我国农业改变原本的小农经济生产方式,更快地实现规模化经营。农业标准化具体涵盖了:农业标准的修订、标准的组织实施及监督。目前我国已经基本构建起了一套农产品质量安全技术标准体系,该体系能够和国际标准接轨,这就使得我国农业无论是在生产还是质量监督方面都有了可以参考的明确标准。而有了明确的农业标准,农业生产就能够更顺利地实现规模化、专业化、产业化经营,让农业以新型方式进行生产活动,让最终产出的农产品在市场上占据优势地位。我国政府主导的安全优质农产品公共品牌——"三品一标"(无公害农产品、绿色食品、有机农产品和农产品地理标志),通过实施认证标准,如相关产地环境、生产技术规程和产品标准等,灌输标准化生产理念,通过引导生产主体实施标准,强化质量安全控制,树立和维护品牌形象,取得了显著成效。

第二,实施标准能够让先进的技术经验得到人们的接受和认可。标准之中对各种先进的经验、技术、科学等进行了总结。实施标准能够联结科研、生产、使用这几个方面。通常而言,凡是被纳入标准的技术或者科研成果都能够得到有效的推广,让人们更好地接受和应用。与此同时,标准的实施也能够推动标准自身的不断优化完善。

第三,实施标准能够令政府管理效率得到一定程度的提升。标准的存在提升了政府监管工作的科学性,让政府的行政决定过程有据可依,让其决定的结果更有可信度。另外,实施标准也在一定程度上让政府的管理工作更有效率。

(二)加快推进标准实施应用的策略

第一,令农业标准体系更加完善。以强化国家层面的国家标准和行业标准为重点,在比对参照国际标准的基础上,从满足重点行业生产、监管、贸易的实际需要出发,以生产加工环境要求及分析测试、种质要求及繁育检验评价、农业投入品质量要求及评价、农业投入品使用、动植物疫病防治、生产加工规程及管理规范、产品质量要求及测试、安全限量及测试、产品等级规格、包装标识、贮藏技术等全过程为链条进一步完善我国农业标准体系。国家层面标准重点突出农兽药残留限量及检测方法、产地环境控制、农产品质量要求以及通用生产管理规范等标准。农产品生产技术规范、操作规程类标准由地方标准来配套,使每个县域、每个基地、每个产品、每个环节、每个流程都有标可依、有标必依。

第二,搭建多元、完整的推广体系,加大农业标准技术的宣传力度。首先,对农业标准化知识进行推广。在"互联网＋"时代可供利用的媒体渠道较多,相关部门可借助这些媒体对农业标准化知识进行推广,让更多的农民接触和了解这些知识,从而潜移默化地转变农民的现有思想及观念,让他们自觉地将标准化知识应用在农业生产活动中。其次,尽快搭建起标准化推广网络。在多渠道推广的基础上,将技术推广人员的作用充分发挥出来,并积极建立市有示范区、县有示范乡、乡有示范村、村有重点示范户的标准推广网络,让更多农户认识到农产品标准化所具有的重要价值。最后,让龙头企业将其带动作用发挥出来。龙头企业真正发挥示范作用、带头作用、引领作用,把更多农户引领到标准化道路上来。

第三,构建完善的农业标准监督体系,进一步强化监督力度,推动农业标准的正常实施。各相关部门要严格做好监督工作,强化对农产品和农业生态环境的监督及检测,并力争建设起农业各方面的监测网络。

第四,搭建和完善农业标准化信息体系。农业标准化信息体系的建立和完善,有助于更好地对外部公开农业标准信息,有助于将农业标准化服务水平提至新的高度,让公众能够更便捷、更迅速地获取和应用标准信息。首先,要尽快完善中国农业质量标准网的政务服务和社会服务功能,将网站建设成为全国农业质量标准工作的权威门户。其次,要开发标准信息系统。立足标准信息源头,着眼公共服务,建立起集质量标准信息动态发布、意见征求、文本推送、标准宣贯、意见反馈、统计分析于一体,数据准确、推送快捷、使用方便、服务高效的标准信息系统。最后,逐步将各地农业地方标准纳入农业农村部的标准信息系统,形成"一个平台、分布对接,整合资源、集中服务"的标准信息服务新机制。

二、农业标准使用规程

(一)农业生产技术标准的基本要求

生产力发展到一定阶段就必然会走上标准化道路。在农业方面实施标准化能够令农业产业素质得到较大幅度的提升,同时也能够将工业化理念应用在农业领域,让农业、工业这两个领域实现更好的对接,推动它们的协调发展。农业标准化的实施和工业化理念的融入,能够让农户对工业化生产经营方式加以借鉴,从而推动农业内部实现合理分工,让农业行业真正实现专业化生产、集约化经营、社会化服务。另外,农业标准化的实施有利于资源的合理配置,让农业行业的资源、技术的作用充分发挥出来,在成本不变的前提下争取得到最佳收益。

(二)农业生产技术标准的制定原则

目前,农业标准化是农村农业的重点发展方向,将工业化理念应用在农业发展领域成为一种新的指导思路。做好农业标准化工作的首要任务在于构建农业标准体系。从当前的状况来说,农业的产品标准和环境标准是国家制定的,有着突出的强制性、统一性、规范性。农业生产技术标准的制定者则是各个地区,不同地区的标准之间有着较大的差别,且不具有较强的规范性。

1. 农业技术标准的基本要求

农业生产方式和农业诸多方面有着密切关联,如生产成本、产品安全、产品质量、产品产量等。相较于传统的农业生产方式来说,标准化的生产方式有着更高的经济效益和生态效益,它能够减少资源浪费,有效控制生产成本;标准化生产方式能够让农产品的产量提升 10％～15％,并且能够提升优等产品在产品总量中的比重,约 95％的农产品能够达到合格标准;标准化生产方式令劳动力成本和生产成本都有所减少,且能够让产品效益提升约 10％。

2.制定农业技术标准应遵循的原则

"统一、简化、协调、选优"是在制定农业技术标准时应当始终贯彻的基本原则。但与此同时,还应对下列原则加以遵循。

(1)强调地域性

不同地区有着不同的自然条件,这些外部环境在很大程度上影响和决定着农业生产的各个方面。所以,在对农业生产技术标准进行制定的时候,一定要考虑到地域因素。因为不同的地域有着不同的自然生态环境,应当耕种的品种也存在差异,所应用的病虫害防治技术也各不相同。唯有将地域因素考虑在内,才能够让农业标准化生产具有更强的针对性和可行性。所以,农业技术标准应当由自然环境类似的区域共同制定,并且对不同区域的标准做出明确的区分。

(2)强化针对性

一个地区内往往会发生多种农作物病虫害,并且单种作物可能发生的病虫害种类也十分多样。但在对农业生产技术进行规范制定的时候无法把所有病虫害防治方法都十分明确地写出来,否则不利于标准的使用和推行,让标准看起来十分烦琐和复杂。通常而言,下列两点是引发病虫害的主要原因:一是栽培管理不到位;二是特定生态条件所引发的。在制定技术标准时,制定者需要对当前技术标准下可能出现的病虫害种类加以考虑和分析,明确在现有环境下定然会出现的病虫害种类。据此制定出来的标准简约、准确、针对性强,有利于后期农户的阅读和实际操作。

(3)提高操作性

农民操作是让农业技术标准落地的关键环节。要想在大范围内推广和应用农业技术标准,那么就要求该标准具有较强的可操作性。农业技术标准最终是服务于农业产品标准的,所以最终目的在于达成产品标准,而非一味地将当前最先进、最高端的技术应用在农业生产方面。举例来说,部分蔬菜在生产过程中会出现一种虫害——白粉虱,当前最先进的防治方法就是饲养丽蚜小蜂,做到以虫治虫,但这种方法需要农户在饲养丽蚜小蜂方面投入较高的成本,不适合长期应用;相较而言,化学防治方法更容易为农户所接受,因为只要科学、适量地使用农药,就能够在除虫的同时做到无过量农药残留,且购买农药所花费的成本也是农民可以接受和承担的。应当明确的是,目前在很多地区都存在着这样一种错误倾向:在对无公害生产技术规程进行制定的时候过于追求使用当前最先进的技术,而忽略了技术在实际农业生产中的落实情况,最终造成先进技术农民不愿用、实用技术农民学不到的情况,而这种情况的出现无疑给产品质量造成了极大的负面影响。另外,生产技术标准的语言应当明确清晰,能够让绝大部分农户无须进行深入的思考研究就能够轻易看懂。

(4)增加适应性

农业生产技术标准不是一成不变的,它应当随着产品质量标准而不断调整,并根据当前的病虫害种类和农业技术情况而持续地优化完善。详细而言,若是农产品品种优化后栽培技术也发生相应改变,出现的病虫害种类也和以往有了较大不同,那么相关人员就会根据最新情况对农业技术标准进行相应调整;新型农业投入品的使用会令栽培技术有所简化,此时也要及时调整农业技术标准。农业生产条件一旦发生变化,那么品种生长情况、病虫害防治重点定然也和以往存在差异,此时也要及时调整农业技术标准;农药和生物防治技术的优化发展会在一定程度上简化病虫害防治工作,此时农业技术标准也应当有所变化。通过上述内容可以知道,农业技术标准制定出来后并非就是固定不变的,为了让技术标准具有更鲜明的针对性,相关部门应当根据最新情况对其进行优化和调整。

(5)注重简约化

不同的农业生产技术之间存在着密切的关联,例如施肥技术、栽培技术、灌洗技术等,另外它们都和病虫害的出现有着极大的关系。部分已经制定和推行的无公害生产技术标准,为了让农产品更加安全,通常会对正确的栽培技术加以强调,试图通过应用最先进的栽培管理技术来降低病虫害出现的概率,从而最大限度地避免在生产过程中使用各种防治病虫的化学农药。这种标准制定理念的出发点是好的,并且也遵循了正确的制定原则,但是并非所有栽培技术都适用,故而要做到具体情况具体分析。部分栽培技术的运用确实能够很有效地避免病虫害的发生,那么这些技术理应被写入技术标准之中,即便这些技术可能会让农户投入更多的劳动量,但因为它们最终会给农户带来更高的产量和更有品质的产品,所以农户也十分倾向于在生产过程使用这些技术;而部分栽培技术无法对农业生产中的病虫害起到有效的防控作用,那么在制定技术标准的时候就无须将这些技术体现出来,避免因为这些技术的应用让农户耗费较多的劳动量。

(6)力求科学化

农业技术标准的制定和应用有利于防控农业生产中的有害物质,尤其是农药残留。所以,最终制定出来的技术标准要对农药的使用方式、剂量等做出明确的规定。首先,要阐明农药毒性问题。在对病虫害进行治理时,要先考虑是不是适合用生物农药予以解决,若是不适宜使用生物农药再选择使用化学农药。所选用的化学农药也应当是低毒、高效、低残留的。当前,我国尚未制定出较为全面的农药残留标准,但总体而言,在选择农药时,在确保高效的前提下应当尽量选用那些残留量少、毒性低的产品。唯有如此,最终生产出来的农产品才具有较高的安全性。其次,要明确安全间隔期问题。部分作物是一次采收的,故而解决这个问题并不麻烦,从某种病虫害的最后一次施药时期到作物收获期的时间就可以筛选出适宜的农药品种。而对于那些需要连续采收的农作物,那么就要把其采收间隔期作为选用农药的重要依据,在其他条件相同的情况下,农户最好选用那些安全间隔期较短的农药品种。

第二节　为农业生产提供农技专家指导

一、农技专家指导概述

对于各种新兴的农业技术,大部分农民往往不会直接将其应用在农业生产中,而是在看到其他人应用新技术的良好成效之后才会进行应用。那些首次尝试应用新技术的人内心也顾虑重重,在采用新技术的过程中会有所保留。面对这种情况,相关部门要积极培植先进科技示范户,让这些有着较高文化水平、更乐于接受先进农业技术的人率先应用新的科技成果,并且助力他们办好高产高效示范点。当他们利用先进技术获得理想成果,实现增产增收之后,其他农民就会比较积极、自觉地将这些新技术应用在农业生产活动之中。

目前,农技人员的一项重要任务就是通过给予农民指导促使他们实现增产增收。要想实现现代农业的进一步发展,就需要打造具有较高素质水平的推广团队。唯有这些负责农业科技宣传推广工作的农技人员不断提升自身的知识和业务水平,全身心地投入到技术推广工作中,优化和完善服务工作,为现代农业发展贡献力量,才能够真正推动乡村农业发展,为乡村振兴助力。

实施农技专家指导工作具体要从下列方面入手:第一,解答农民实际问题。为了让指导活动更加高效,农技专家可先询问和征求农民在实际的农业生产工作中遇到的具体问题,并挑选其中的典型问题为农民解答。第二,为农民提供更加丰富的知识和技术内容。在给农民提供指导时,农技专家既可以给农民讲解在农业结构调整方面农民可以直接运用的新技术,也可以给农民讲解农业行业相关的政策法规和市场行情等方面的知识,让农民在丰富自身知识体系的基础上具有更高的经营能力和技术能力。第三,因人施教,提高指导的针对性,让指导活动收获理想的效果。目前农村地区很多劳动力都进城务工,在农村从事农业生产活动的大多数是50岁以上的中老年人。他们大多数知识储备少、文化水平低,无法迅速地学习和接受新鲜事物,因此农技专家在提供指导的具体过程中要注意针对不同的人群选用适当的方法,要将理论和实践结合起来,让农民从做中学,从实践经验中学,让他们真正通过双手的实践掌握各种先进知识,提高自己的种植能力。农技专家也可以用当地先进示范户的真实事例来促进农民迅速转变传统观念,大胆地使用现代化种植方法。第四,农技专家要加强说服教育,真正敞开心扉和农民进行交谈,在潜移默化中改变农民的传统思想。让农民不再被动地接受各方的帮助和服务,而是积极地向相关部门申请自己所需的服务。另外,农技专家也可以通过贴横幅、办讲座、通过媒体宣传的方式提高农民对新事物的接受程度。

在农技专家提供指导的具体过程中,农业服务机构要做好技术推广和农产品质量监管工作。第一,在全国农技推广工作中,政府可以将自身定位为参与者角色,放手让企业和市场去建设农技推广服务平台,而政府则主要做好基础设施建设工作,给予互联网企业相应的支持和帮助。我国农技服务长期以来都是自上而下实行的,但这种实行方式无法令当前农业生产需要得到较好的满足,因此必须发挥市场作用,让市场化竞争促使农技推广服务提高至新的水平,真正令农民的现实问题得到有效解决。第二,完善农村地区的网络设施,争取做到村村通宽带,并且进一步增加农村地区手机使用者的数量,积极打造农村信息化业务服务中心,为"互联网＋农技服务"奠定基础。第三,相关部门要强化对农技员的互联网化引导,可成立专项荣誉或者是奖励资金,让农技员能够积极利用现代化网络手段和工具提升农户积极性,推动农技服务的市场化发展。第四,提倡农业互联网企业参与村级信息化建设,尽量让各个村都有自己的农技信息员,并在村里设置专门的服务点,让农民在有需求的时候能够及时咨询农技信息员,使问题得到合理解决。第五,鼓励农业互联网企业参与建立完备的农技员培训体系,帮助农技员成长,使得农技员能依靠自身所掌握的农业技术获得经济效益。

二、"互联网＋"时代下的新型农技专家服务

(一)对专家服务的新要求

1.技术要求

新形势下的信息化环境,对专家提出了新的要求。专家要掌握农业技术,具有较高的专业理论水平、技术知识和丰富的实践经验。在新形势下,技术更新也要与时俱进,所以说专家不仅要有扎实的专业技术,同时也要有较强的学习能力。

2.产业领域新要求

同一领域的产业,如想生产出高品质产品,需专业化定向指导,而这种指导性服务,就叫产业定制化服务。这种服务效果是在生产过程中的各个环节,以产业标准化的要求来匹配相关产业类专家参与其中。包括后期商标申报、创业项目、金融融资等一系列流程。产业定制化,将工业标准化元素结合在一起,使服务更有针对性。同时,这种服务工作流程是定向及持续的,对专业性的服务团队要求较高。定制化服务要按协议中的服务内容和时间来提供服务,同时对产品后期如包装、推广、宣传等一系列流程都应做专业化指导。在信息时代,人们对产品要求越来越高,定制化的服务可能不仅限于某个产业或企业,而极有可能是针对一个家庭或个人进行定制化服务,按个人需求给予前端产业规划,或按家庭单位设置农产品种类、产品规格及特点,同时按个人及家庭健康指标、消费能力来配置产品种类,按照目前受众需求和整个大环境来定制产品及服务。

3.信息化服务能力

在新形势下,专家不仅需要有扎实的理论和技术水平,还要具备培训学习、产业服务以及信息化操作能力。信息化的平台,需要专家懂得利用信息化手段,更好地进行服务。

(二)论证专家服务瓶颈及未来平台设想

公益类服务指的是政府扶持或地方进行适当补贴的服务形式。公益类服务的局限性很强,在服务过程中要受当前政策和工作流程上报复杂等因素的制约,因而公益类服务难以调动专家的积极性。农村信息化服务,以往都是以公益化服务形式为主,服务的方式较传统,但在互联网时代,这种服

务方式体验度不强,服务形式也变得鸡肋。同时,公益化的专家服务补贴方式,随着政府改革也发生了变化,专家的服务与补贴无法快速匹配,导致专家的积极性不高,服务方式单一化,也使用户体验度降低,长期下去,服务形式得不到延伸。因此,增值化的服务成为解决此类问题的关键。我们以专家为单位,可以发现专家背后的资源非常丰富,如何利用这方面的资源及调动专家的积极性是我们研究的关键。

1. 人联网式的服务

目前农村已经有了科技产业链建设、农技服务、成果转化、科技创业、科技扶贫等平台,部分平台已较为成熟。在此背景下,为更好地推动全省农村科技服务体系建设,我们结合新的市场形势和已有的工作基础,提出建设线上线下一体化服务平台设想:整合专家资源、服务手段及方式,以线上线下同时应答服务的方式进行技术指导,实现农技服务的个性化、快捷化,将分散的服务手段整合在一个 PC、O2O 应答服务平台上,为用户提供个性化定制服务。

(1)快速:让农户便捷、快速地得到回应,通过定位推荐方便农户及时获得解决方案。个性化快速应答,在服务上面更人性化,同时,在智能服务上,专家的快速应答可及时解决农户需求问题。

(2)定位:分答系统以用户定位为主要辐射,以区域和产业为根据优先推荐用户需求,给予快速定位推荐。目前服务定位系统技术越来越成熟,在农村,服务定位、物流定位、产业定位等都可在人联网式的个性化服务中实现。用户定位服务,可以就近为农户提供专业、及时性的服务,应答准确,可行性强。

有服务要求的用户或团队进行定位呼叫,系统可按用户所处位置进行专家匹配和服务匹配。如需选择更高端的服务内容,系统会有更多定向选择。这种主动发起服务的方式,可直接拉近用户与服务专家的距离。另外,这种服务方式也有一定的数据参考,用户的精准化数据让服务专家更清晰、更人性化地给予解决方案。

(3)增值:增值化的服务也是专家自媒体服务的体现。农村信息化服务平台应发挥资源及平台优势,让专家以自媒体付费增值的形式来进行服务,这种服务形式的实现可以极大地提高农村专家的积极性和自主性。企业也可利用这种自媒体展示的形式来提供技术展示、产品展示、销售指南等服务。

(4)手段:通过对专家服务形式的研究发现,服务手段十分多元化,例如热线、在线互动、远程、社群、语音、直播、视频远程诊断、企业指导、电商产品推荐等。

具体研究如下：第一，主要体现形式。农村信息化平台按照服务手段可分为线上平台、线下平台两种。线上平台以互联网在线互动形式为主，这种互动形式有微信、远程、社群等，服务方式更直观化。可以说，在互联网时代，互动这种方式与自媒体相结合后，更容易被受众所接受。线下的互动方式以传统互动为主，如热线、现场指导、培训讲座等。在服务手段上，农村信息化平台应充分利用好这方面资源，更好地服务用户。第二，主要服务内容。主要服务内容按个体和企业不同也有不同的设置。可以说，服务人员应打破常规，为个体用户和企业用户提供针对性的服务内容，让资源充分利用，这种信息化服务手段才更容易推向市场，更容易发挥信息化服务的作用。手段的创新也是互联网整个环境的创新，手段的进步也让我们看到整个互联网大环境是如何快速发展起来的。

（5）资源：资源研究是手段研究的前提。我们从专家服务形式和服务内容中可以看出，专家的服务方式分互动咨询、热线转接、课件下载、现场指导、产品及基地推荐、企业指导等。从现有思路中我们可以看出，专家可作为个体，根据身份及产业设置上传合法课件，课件以个人页面展示为主，以服务个性化定制为主，课件内容可以采用文本、图片、视频、产品及企业推荐等形式呈现。我们可以将课件转化为资源，将资源投入市场，打破过去无偿公益的方式。在资源走向市场的过程中，平台可以将专家的课件和科学技术成果当作有偿资源加以利用，从中获取适当的收益。因此，信息化平台主要以专家为主体，融入企业、基地、电商等元素，简单易操作。整合信息化平台主要服务元素，同时调动专家积极性，发挥专家个人资源和服务手段，参与互动服务。

2. 个性化的自媒体

自媒体更凸显"个体"这个标签，"个体"标签是自媒体人的重要标志。在形式上，自媒体只是"点对面"的传播方式。在信息化时代可以看出，大部分传统媒体的传播效果还不及个性化的自媒体，相较而言个别自媒体更贴近受众。因此，专家的自媒体可以以农户服务需求为依据来确定自身的服务内容及服务形式。

传统的新闻媒体将媒体与受众分得很清，它们采用的是"自上而下"的传播方式。而自媒体却能做到"人人都是媒体"。特别是微信、微博等手段的普及化，个性化的自媒体其实也是个人信用及用户肯定的标签。优秀的自媒体人，其运营效果胜过很多传统媒体。

自媒体是个人标签的一种,未来个人标签也是个人信用的一个重要代名词。在互联网发展的过程中,个人信用与标签,使个人的品牌展示有一个互动性的评估标准。农技专家在利用自媒体提供服务的同时,也要注意打造个人品牌。

3.多平台的互动

对未来平台的设想是基于对专家服务形式的研究之上的,未来的互动平台是多样化的,更是智能场景化的。无论是农户还是企业,都能根据个人需求来定制互动形式。

(1)智能场景服务:场景式应答服务。以用户为主体,按需求进行应答。应答前用户可自主设置想要呼叫和服务的专家,采用智能场景服务应答方式,用户可自行设置视频指导、手机微信指导等应答方式。专家的服务更人性化、便捷化,同时,智能场景不仅用在农技咨询上,还用在一些如物联网平台管控指导、电商产品推荐及其他农村技术培训上。现场互动操作、可视化指导,更有利于让受众接受服务。智能场景客户端会统一管理、审核专家团队及专家资源。互联网平台的资源和手段丰富,技术手段成熟,而大众对目前的基本操作也比较能接受,智能化场景在各大领域都可探索实现,如工业、教育等。所以说,智能化场景服务,可以在未来平台互动上发挥重要的作用。智能化场景也可用在电商体验上,智能化现场虚拟操作可让用户根据3D图像真实地感受到产品属性,并进行下单体验试吃。这种操作真实可行,具有极大的市场前景。举例来说,假设客户A需要一款节日礼品,在传统购物模式下A客户需要在现场进行体验品尝,若是找不到满意的商品,那么A客户还必须辗转几家店进行寻找。而在智能化场景服务下,平台会根据A的需求,快速推荐适合A的产品体验店和产品属性及类型,A通过试用体验申请,快速收到商家的试吃样品,满意后再进行下单。这种模式是未来购物的趋势,包括衣食住行。同时,包括农村田间物联网,让城市用户更真实地感受到农产品的生产过程,下单前能通过3D图像进行田间体验。这种体验是一种尝试性的,目前很多试用体验和线下体验店已经在走这条路,可以说,未来这种运行模式也会在各行各业中得到应用。

(2)跨界多元服务:跨界服务是一个新兴词,未来个人资源和工作领域也可能是跨界和多领域的,因此,跨界人才是未来社会发展所需要的人才。跨界,一开始是在工业领域提出的概念,主要指的是设计类跨界,也叫"跨越多个环节"。在农村地区同样需要多元化的人才资源,因为农村产业如果细化的话,可能也要分为很多方面和层次,所以说,一个领域,如果只涉及一个方面的农村技术指导,那么它定然是不完善、不现实的,而未来,农村的标准化越来越向工业标准化迈进和发展,农村人才的丰富和资源的不断更新,会涌现出更多的跨界人才。如一个农村产品,其农技服务和基地指导、产品设计、包装设计、品牌运营、品牌宣传、技术指导等,不是从单个或几个专家那里就可以获取到全方位的有效指导服务的,多元化的服务需要多元化的人才,一个团队内需要包含不同领域的人才资源。所以说,企业整套服务的实现离不开多元化的服务流程和人才,越高端的企业,这方面的资源和技术需求越紧缺和迫切。以农产品茶叶为研究对象来论证,茶叶生产全过程包含多个环节——产品设计、产品运营、产品的基地指导等。设想一下,基地指导涉及土地政策、土地改良等方面,因此茶叶的品种选定、茶叶的指导技术就需要有相关专家指导。到了采摘茶叶的时节,又需要专业的团队提前对茶叶进行产品设计、市场宣传等。茶叶的工艺鉴定,确定不同级别茶叶的受众人群,都离不开对整个茶叶市场的调查分析。而这种分析是以大数据为基础的,需要整个标准化生产环节来提供可靠的数据指导。所以说,跨界多元化服务在农产品领域是可以借鉴和探索的。跨界性的服务,也是多元化产业融合式的互动性服务,如果脱离这种服务,产品是没有竞争力的,也是无法得到市场认同的。多元化的产品需要多元化的服务,所以跨界企业需要对不同领域的专家资源进行整合,打造多元化的专家团队。

(3)产业定制化服务:定制化的服务模式,在目前农村基地及产业中已有比较成型的市场模式,如在猕猴桃基地中,企业推出果树认领活动,以二维码及物联网形式进行实时可视操作。很多城市居民以家庭为单位来认领农产品,农村基地以家庭为单位来进行过程监控。这个产品模式目前虽然还未完全成型,仍处于探索过程中,但也有较多可取的地方。而这种产业定制化的服务,可以看出是未来农业发展的一大趋势及亮点。

第三节　为农业生产提供农机服务

农业机械服务行业简称农机服务业,是为农业生产提供机械化服务业务的总称,指农机服务组织、农机户为其他农业生产者提供的机耕、机播、机收、排灌、植保等各类农机作业服务,以及相关的农机维修、供应、中介、租赁等有偿服务的总称。

一、农机监管

近年来,随着农村物质水平的提高,有更多农户家里配置了农机,与此同时农机事故发生的次数也在不断增加。很多农村的农机驾驶员是凭借自己摸索和其他农民讲解学会农机操作的,并没有接受过专业人员的培训,所以他们往往会违章操作。目前农村的很多车辆手续不全、未经年检,并且常常一机多用,操作农机的农民也不具备较强的安全意识,所以存在着较多的安全隐患。强化农机安全监管就要做好下列工作:首先,从源头上加强管理,农民在对农机进行购买的时候,相关部门要做好农机检验工作,并且给购买农机的农民进行一定的技术知识培训。其次,加强对农机安全生产的监管力度。相关部门要严格落实好监管、巡查工作,一旦发现农机违法违规行为立即严厉查处。最后,要加强农机安全教育宣传。相关部门可通过发放宣传资料、官方网站发文等形式来对农机相关的操作规程、交通法规等内容进行宣传,强化农民在农机方面的安全意识。

(一)农机安全监理在农村经济中的地位和作用

农机监理机构作为安全生产执法机构,依照国家和地方有关农业机械和安全生产的方针、政策、法规,对农业机械及其驾驶操作人员进行牌证管理,纠正违章,杜绝事故,保证农机安全生产,确保人民生命财产安全和社会稳定。农机监理有利于推动相关法规管理的落实,能够提高农业机械在使用、维修等方面的安全性,确保它能够顺利地被用于农业生产活动中,为农业生产者提供技术方面的支持,同时也能够促进农民掌握正确操作技术,将农机的作用充分发挥出来。农机监理的重要任务是对人民的生命财产安全加以维护,将推动农村经济发展、农业进步作为重要目标,它能够通过提供农机相关培训及服务,消除因操作不当所带来的隐患,因此它在提高农民技能、保持农机状态方面发挥着重要作用。农机监理实现了安全和服务的有机联结,它借助提供服务的方式间接地消除农机故障及事故,对农业生产关系进行协调,并且落实科学化、人性化的管理服务。农机监理借助服务的方式令农机各项相关工作变得更加完整和协调,同时也令农机手的很多问题得到了合理解决,可以说,农机监理在推动农村经济发展、维护农村稳定方面扮演着重要角色。

(二)加强农机监管力度的措施

1.不同部门协同合作,优化执法环境

在遵守《中华人民共和国道路交通安全法》各项条例的前提下,改善农机监管部门的监管职权。在地方的农机监管执法中,要密切联系有关部门协作进行,特别是公安交警的积极配合,形成监管合力,改变过去那种被动的农机监管局面,为农机监管营造一个良好的执法环境。

2.增强农民安全意识,重视农机监管

相关部门要做好农机监管方面的宣传工作,让农民形成更加鲜明的安全意识。具体而言要做好下列工作:第一,地方农机管理部门等要严格落实农机安全监管工作,同时制定完善的宣传计划,按照计划落实好宣传工作;第二,制作有针对性、有吸引力的宣传内容,提高农民对宣传内容的接受度。

3.树立服务理念,革新监管工作

第一,严格按照国家相关标准对合法牌证进行收费,切忌随意抬高收费价格。第二,不要等待农民主动上门办理牌证,而是要积极地将办公地点转移至村委会等地,简化办理手续,让农民能够更方便、更快捷地办理牌证。第三,对于农村报废车、不符合安全技术标准的拼装车等要强制报废,以免农民在使用过程中因为这些车辆而出现安全问题。另外,因为农村经济水平普遍不高,所以相关部门可推行一定的补贴措施,帮助那些车辆报废的农民顺利地购置新机。

二、农机远程服务

我国农业在实现现代化发展的过程中出现了一个重要趋势——农业机械化。农村的农业机械数量逐年增多,加之农业机械跨区作业,要求相关部门更加重视并且落实好安全作业保障技术及机械的信息化管理调度相关工作,唯有落实好这些工作,才能够让农机作业效率得到有效提升,才能够推动农业的现代化发展进程。

很多西方国家将计算机技术和网络技术应用在农机化领域,并且已经形成了较为成熟的农机信息管理技术。近年来,我国也在这些方面不断发展进步,并且推出了一系列的农业机械化管理决策支持系统与故障诊断专家系统等。但应当明确的是,我国所推出的这些软件系统大部分没有在实际的农业生产中得以应用,因此它们无法对我国农业发展起到有效的推动作用。在互联网日渐发达的今天,在国家大力推进农业机械化和发展物联网的政策背景下,开展基于网络系统的农业机械远程服务与保障技术研究,来解决在农机化信息管理中存在的问题,以适应我国农业现代化的要求,有着重要的现实意义。

三、种植机械化

相较于人力种植而言,机械化种植有其独特优势:能够实现大规模种植,能够更方便地对各生产环节加以掌控,能够确保农作物生长状况和植物规格具有统一性,有利于搭建和机械化相对应的种植体系。尽管机械化种植是符合农业发展趋势的,但要实现大规模机械化种植,就需要人们改变种植思路,并花费人力财力将机械化相应的种植体系搭建起来。因为中外农业发展情况不同,所以很多引进的外来机械无法直接在中国使用,必须要对这些机械进行改造,让机械和中国农业生产活动彼此适应。

（一）推进措施

1.理清发展思路,明确发展重点

通过调查研究,掌握现状,摸清需求,按照因地制宜、体现特色、先易后难、梯度推进的原则,从高效农业急需和农民急用出发,从解决劳动强度大、用工量多的问题入手,突破薄弱环节,加快发展五大主导产业农业机械。第一,畜禽业养殖机械。围绕畜禽养殖中孵化、饲草料生产加工、粉碎、投喂饲、粪便清理处理、养殖环境控制、病害防疫、畜产品采集等环节,重点发展通风散热设备、投喂饲设备、粪便处理设备和环境控制等设备。第二,渔业养殖机械。围绕水产养殖中投饲、水质调控、清淤、起捕等环节,重点发展投饲、水质调控和监控装备。第三,林果业种植机械。围绕林果种植中中耕、施肥灌溉、植保、修剪、采收、田间转运、保鲜等环节,重点发展中耕、高效植保和水肥一体装备。第四,花卉苗木业种植机械。围绕花卉苗木种植中机械化播种、育苗、耕整、开沟、种植、施肥灌溉、植保、挖穴、采运、环境调控等环节,重点发展播种、耕整、种植、植保和环境控制装备。第五,蔬菜园艺业种植机械。围绕蔬菜园艺种植中机械化播种、育苗、耕整、开沟、起垄、覆膜、种植、施肥、灌溉、植保、收割、采运、环境调控、清洗、包装等环节,重点发展播种、耕整、种植、植保和水肥一体装备。

2.从现实情况出发,推行多条举措

第一,投入更多资金。相关部门将所投入资金更多地用于高效设施农机发展方面,给予这方面更多帮助和扶持;进一步加强农机补贴力度,帮助农民购入适用本地生产情况的机具。整合高效设施农业项目,充分发挥财政资金的引导、整合、带动作用,逐步建立以政府投入为引导,农民和社会投资为主体的多渠道农机化投入机制,形成合力,共同促进高效设施农业机械化的发展,使更多具有示范效应的农业机械应用于该区农业生产,实现装备数量快速增长和发展结构优化升级同步推进。

第二,做好宣传推广工作。以图片、视频等为载体对适用于当前我国农业生产的各种先进农机设备进行推广,并组织相关经营户进行培训或者演示活动,促进农机推广工作落实。

第三,促进机艺融合。积极推动"机械化农业"发展,加强不同部门之间的配合协作,从设施农业基础建设到育种、栽培、加工、消费,全过程统筹研究农机化技术的集成配套,探索制订本地区主导产业农机农艺相适应的机械化生产技术路线及装备配置方案,推广应用与现代农艺相适应的先进、高效农业机械。

第四,建设示范点。进一步完善各级农机化科技示范基地建设,将它们的引领作用充分发挥出来,积极建设现代高效设施产业园,积极发展先进的机械装备及技术,让它们来推动我国农业的产业化、规模化发展。另外,挑选出安全、成熟、先进、环保的农机装备,在农村地区大力推广,着力发展高效设施农业关键环节机械化,积极探索设施农业机械化发展新模式,建立可复制、可推广的农机农艺融合示范点,以点带面,逐步推开。

(二)发展高效设施农业机械化的对策

1. 推进高效设施农业生产规模化、标准化

高效设施农业作物有着较多的种类,不同作物之间有着较大差异,种植制度不规范,田地的格局和空间不利于规模化生产,基地建设不标准等,上述这些方面都给高效设施农业机械化的发展造成了较大的阻碍。对此相关部门要始终秉持"机械化农业"的发展理念,并力求做好下列工作:不断从国外引进先进的、符合我国农业现实情况的机械化技术与设备,并且把这些技术和农业的种植、管理工作等密切结合起来;以农业生产要求为依据制定作业标准,并对种植模式进行相应变革,为全程机械化生产做好铺垫;向有关上级部门争取政策上的帮扶,做好土地流转工作,实现适度规模经营。

2. 积极引进适用的农机及技术,并实现本土化调整和创新

倡导产业、科研、学习等相关部门协同配合,推进科研工作,并将科研成果顺利应用到农业生产实践中,积极引入先进、适用的农机及技术,并在农村地区进行推广和普及。对于引进的农机和技术,要力争实现本土化的调整和创新,要在学习、借鉴的基础上对其进行调整和改造,令其更符合中国农村的农业生产情况。

四、养殖机械化

养殖机械化也是农村养殖业发展的一个重要趋势,实现机械化养殖,能够大幅提升劳动生产率,让成本耗费有所减少,同时也能够从硬件、技术方面为育种、养殖等提供支持,确保养殖产品的产量和质量等都得到有效的提升。

近年来,我国畜牧业的生产模式也处于不断变革的过程之中,伴随着机械化发展新动能不断增强,畜牧技术也在不断发展创新。相较于传统养殖业而言,机械化养殖有着更高的自动化、规模化、集约化程度,并且它应用了更加先进的环境控制技术,能够更好地保障生物安全。但是应当指出的是,在机械化养殖的初步实施阶段,很多小型散户退出养殖行业,大型企业或者大规模养殖的农户面临着劳动力成本高、招工难等问题。另外,机械化养殖需要应用更先进的自动化和机械化技术,并且最终产品要符合一定的质量标准,在这种情况下,很多大型企业介入该领域,并且有很多业外资金投入进来。畜牧机械化生产的实现和机械化水平的提升能够有效增加养殖业收入、提升畜禽肉类产出率,能够保证最终产品在国际上具有较强的竞争力。在主要粮食作物机械化水平不断提高,经济作物机械化水平不断提速的当下,适应消费者需求的变化,加快畜牧机械化水平将成为我国农机化发展的又一个突破点。

为改变传统畜禽养殖业现状,各地市应积极创新养殖模式,建立示范基地(点),将现代机械化、自动化技术装备结合物理农业技术装备应用于畜禽养殖业,实现安全、高效、节能、环保养殖示范模式,并推广应用。目前,我国建立的示范基地畜禽养殖模式主要基于以下几个技术:

第一,臭氧杀菌消毒技术。臭氧是一种强氧化剂,具有高效性、广谱性、高洁性和不留死角的独特杀菌作用,在一定浓度和时间下,臭氧能作用于细菌的细胞壁,与脂类的双键反应,也能作用于细胞膜,破坏膜内脂蛋白和脂多糖,还能作用于细胞内的核物质,如核酸中的嘌呤和嘧啶,进而破坏脱氧核糖核酸(DNA)和核糖核酸(RNA),改变细胞的通透性,造成细菌的新陈代谢障碍,导致细菌死亡。臭氧对细菌、真菌和病毒等多种微生物的杀灭率高达99.9%。使用臭氧发生器在畜禽舍内部空间产生臭氧,能够有效消灭疫病传染来源、阻断传播途径,切实改善畜禽养殖环境,提高畜禽抗病能力。

第二,空气电净化防病防疫技术。空气电净化防病防疫技术是一种用于畜禽舍整体空间的空气净化和灭菌消毒的空间电场技术,利用电极线与地面之间建立起自动循环、间歇工作的空间电场,并在电极线周围生成微量臭氧、氮氧化物和高能带电粒子。空间中的细小粉尘在场的作用下定向运动,吸附在地面、墙面和电极线表面,病原微生物在定向运动的过程中被臭氧、氮氧化物和高能带电粒子杀死。这项技术能够有效净化畜禽舍内空气环境,脱除微生物气溶胶,杀灭致病微生物,抑制畜禽舍内恶臭气味。

第三,粪道等离子除臭灭菌技术。粪道等离子除臭灭菌技术利用高频高压沿面放电的等离子体氧化技术原理产生等离子体。高频高压的陶瓷电极栅形成的电离激发可以生成大量的空气氧化剂,比如臭氧、氮氧化物以及氧原子、正离子和负离子,将这些等离子体通过高速高压风机吹入畜禽舍粪道中,与硫化氢、氨气以及微生物相遇时,就会立即发生氧化、灭杀和消解过程,从而达到灭菌和除臭的效果。

第四,环境监测及预警技术。综合使用多种传感器,利用互联网技术将影响畜禽养殖的温度、湿度、光照、粉尘和有害气体等环境因素反馈至用户终端(如计算机、手机),实现畜禽舍环境数据的实时显示、历史数据的查询浏览、监测条件的维护和节点的信息维护等。结合专家知识,对环境因子的"偏高"和"偏低"进行模糊推理预警,从而全面掌握各项机械设备的运转情况和畜禽生长情况。

五、植保自动化

对于农作物生产而言,一项关键环节就是植物保护。为了令农作物、土壤等不遭到破坏,农民在给农作物施肥前往往会展开一系列分析:何种化学药剂能够有效地除草、除病虫害且不会给土壤和农作物造成较大的影响;所使用的化学药剂中化学元素含量是否符合当地的法律要求等。对这些问题的研究思考无疑加大了农民施肥的难度,若是农民无法准确地确定上述问题的答案,那么他们可能就会在农药使用方面出错,要么过量喷洒,要么错误喷洒,这样造成的结果就是不仅没有解决农田中的问题,反而给土壤和农作物造成其他的伤害,使得农业生态环境有所恶化。在全球气候变暖的今天,农业有害生物突变频率有所升高,且它们造成的危害也日益严重,给农业生态环境造成了极大的破坏,在加快高效生态农业发展、促进农业增产和农民增收的大前提下,作为农业生产基础保障的植物保护事业面临着挑战与机遇,在"互联网＋"的浪潮下,无人机智能植保将迎来快速发展。

化肥、农药在农业发展领域扮演着关键角色,是我国实现粮食增产所不可缺少的重要因素。但是,部分地区不合理、不科学地使用化肥、农药等,不仅降低了农产品的产量和质量,同时也给农业生态环境造成了极大的破坏。为提高农产品的产量和质量,保护和改善农业生态环境,我国必须要走农业产业化道路。目前,在我国农村地区,农作物的耕、种、收普遍开始使用机械化作业,但是,在植保方面还主要是人工或者半机械化操作,这就使得农户要在植保方面投入较多劳力,并且一旦在施药时操作不当,农民可能会出现中毒问题。

走农业产业化道路是推动我国农业迅速发展的一条有效途径,将计算机技术、数字技术等应用在农业生产领域,能够令农业生产效率得到有效提升,同时也能够让相关部门和工作人员更加顺利地制定出智能植保综合解决方案。人们可以借助信息技术获取农业各领域、各环节的大数据,并在分析数据的基础上得到较为准确的结论,从而以此为根据制定植保、种植方面的解决方案,推动农业生产效率提高至新的水平。

近年来国家在农业植保方面给予了相应的政策扶持,这些政策也推动了植保无人机行业的发展。多数无人机生产商停留在卖设备的基础阶段,对于整体技术的科学应用研究很少。农业植保可融合无人机、农机合作社、药企等产业,创新思维、集约服务、跨界融合,可形成一个巨大循环的产业集群。

智能植保无人机可根据自动采集的田间地理信息、环境温度、湿度、风力、风向、飞行高度与速度等参数,结合 App 设定的作物种类、病虫期、农药种类、剂型、配比等参数命令,智能调节喷洒剂量与雾滴大小,并实时上传全部数据,以此建立农业植保大数据库。相关部门可对网络中的每架无人植保机进行定位、监测、管理,绘制植保处方图,制定植保系统解决方案,与药企、农机合作社、生产性服务业等融合创新,发展壮大新兴业态,打造新的产业增长点。

第七章 "互联网+"时代背景下农业电子商务的发展

第一节 "互联网+"时代背景下农业电子商务的理论基础

互联网技术的应用令农业产业的供给与需求之间的联系更加紧密,让整个农业产业链的细节工作更加精准,让农业生产与产品销售之间更加匹配,并且切实推动了农业电子商务的产生及发展。农业电子商务的出现及广泛应用,对于农业产业发展、产业结构调整、农业供给侧结构性改革等方面来说有着突出的现实意义。

一、农业电子商务是经济发展新常态下的新业态

目前,信息化技术已经渗透到农业领域,对农业的生产、管理、经营、服务等带来了巨大影响。传统的农业营销模式存在着诸多局限:销售渠道有限、销售成本较高、未打造出知名的农产品品牌等。但伴随着农业电子商务的出现及应用,农产品销售方面和休闲旅游农业发展方面都取得了突飞猛进的进步,令农业发展进入新的阶段。换言之,农业电子商务是经济发展新常态下的新业态。

农业电子商务的出现令农产品交易有了新的平台、新的方式。在农业电子商务的支持下,人们不必固守于传统的交易方式,而是可以借助网络电子商务平台完成所有的交易环节。另外,通过电子商务,农户可以更准确地了解和把握市场行情及消费者的需求变化,并以这些资讯为依据来调整自身的生产内容、生产方式,为农业贸易的发展繁荣奠定良好基础。农户也可以借助农业电子商务平台及时获取市场反馈信息,根据这些反馈明确自身的优势和不足,做到折长补短,不断强化自身的产品特色,建立稳定的消费者群体,从而提升产品在农业市场中的竞争力。

农业电子商务能够让农贸交易不再受到时间及空间等因素的制约。在传统农业商务中,人们主要通过固定位置的店铺来售卖农产品,并且店铺的开放时间也比较固定。但在农业电子商务出现之后,涌现出来大量的线上商店,它们的销售空间不再局限于线下的某个店铺,销售时间也不再有所限制,真正让农业商业交易突破了时空限制。所以,相较于传统农业销售模式而言,农业电子商务更有利于消费者需求的满足。

农业电子商务在农产品营销方面提供了助力。农业电子商务的出现和发展推动了农产品渠道结构的改变,并且在互联网技术和物流技术的推动下,农产品异地交易也成为人们普遍愿意接受的一种农业交易方式。农业电子商务的发展推动了农产品贸易渠道系统的一体化,并且促使交易各方逐渐形成伙伴关系甚至是更高一级的联盟关系。农业电子商务可实现与多媒体的融合,更好地为用户传达农业领域的新鲜资讯。农业电子商务的线上交易、移动端支付、网络支付等功能已经较为完善,并且能够为消费者的线上交易提供安全保障,这无疑间接促进了我国诚信体系的发展与完善。

二、农业电子商务成为现代农业产业的重要内容

现代农业可以被称作商品化、社会化的农业,它运用了现代化的物质设施、先进技术及管理方法等。农业电子商务的发展推动了农业产业的变革,革新了传统农业产业的发展方式、市场机制及流通方式等,为农业产业走上信息化道路提供了重要动力,也在农村生活的改善、农村经济的发展、现代农业的发展方面发挥着重要作用。换言之,农业电子商务已经成为现代农业产业不可缺少的一部分内容。

农业电子商务将农业产业的发展"阵地"延伸至线上。农产品生产者能够随时通过农业电子商务平台获取到不同厂家所销售的生产资料或者农产品的价格,从而能够在"货比三家"之后选择出质优价廉的产品,进而选择出供应商。农业生产者也能够通过农业电子商务平台获取关于农业领域的诸多前沿内容,这些内容涉及技术、市场、管理等诸多方面。另外,借助电子商务系统,农产品生产者也能够进行农业相关信息的线上发布,或者对自身生产的农产品进行宣传和推广。电子商务的发展也逆向地推动了农产品的标准化生产,让农业线上交易规模得以进一步扩大。

农业电子商务的出现令一二三产业的融合成本得以降低。农业电子商

务将线下的农产品销售活动转移至线上,农业生产者借助农业电子商务平台,可通过招标、批量购买等方式来减少成本开支,并且在销售农产品方面能够省略诸多中间环节,直接对接消费者,省去了中间交易成本,从而实现生产者和消费者的互惠共赢。另外,农业电子商务的发展也推动了其相关领域的发展,例如金融、物流、电信等,为农业产业化的发展提供了重要的推动力量。

现代农业的一项重要任务就是发展将休闲农业作为重要组成部分的农业电子商务。对于现代农业而言,休闲农业是一项重要发展方式,它能够兼顾人们的身体和精神需求,在确保为人们提供营养丰富、绿色健康的农产品的同时,还可以让人们在农业休闲活动之中收获生活的轻松和愉悦感受。休闲农业从性质上来说应归为劳动密集型产业,其发展所需的劳动力类型复杂多样,除了需要生产者和管理者,还需要各领域的服务者,因此说休闲农业能够有效地优化农村的劳动力结构,有利于增加农民收入,提高农民生活水平;休闲农业增进了城乡人员在思想层面的交流互动,让城镇居民有机会了解和体验农户生活,让农民在与城镇人员的接触中实现观念的转变,从而推动城乡之间的互动发展;休闲农业能够让人们对农耕文明更加重视并自觉地对农村宝贵的自然资源、人文资源等加以保护,令农业产业真正走上可持续发展的道路。

三、农业电子商务为农业供给侧结构性改革提供动力

目前我国正处于农业供给侧结构性改革进程中,落实此项改革的目的在于实现农产品的高水平供需平衡,力求在突破农业发展瓶颈的同时推动农业产业走上健康可持续的发展道路。农业供给侧结构性改革除了要将改革重心放在供给端之外,还要对需求端的变革发展予以关注。

在农业供给侧结构性改革进程中,农业电子商务在供需矛盾的解决方面发挥着重要作用。农业电子商务让农业供给和需求之间实现了更好的对接,并且它能够及时为农户提供市场最新需求信息,为农户调整农业结构和生产方式提供重要依据,从而增强了农业供给侧结构性改革的合理性、科学性及准确性。

农业电子商务在推动产销对接、保障农产品供给方面发挥着重要作用。要想实现电子商务的长期持续发展,就要真正以市场消费需求为导向搭建

起完善的农业生产体系、产业体系及经营体系。发展电子商务有利于促进供给与需求的精准匹配,满足个性化、多样化的消费需求;发展电子商务将实现农业的在线化和数据化,有利于形成用数据说话、用数据决策、用数据管理、用数据创新的机制,提高基于数据的决策和管理水平;发展电子商务有利于促使需求倒逼供给,促进联通城乡的市、县、乡、村四级快递物流配送体系加快形成,补齐物流配送"最后一公里"短板。

农业电子商务为农业供给侧结构性改革指明了前进方向。在传统农业生产模式下,生产者们会以自身的农业生产经验为依据来推断出农业生产的规模、方式及总量等,而这种推断无疑是不够准确的。农业电子商务平台构建起来之后,人们能够直接通过平台获取农业各领域的最新信息,从而真正实现农业领域生产和消费需求的对接,为农业生产的供给侧结构性改革提供重要依据,助力供给侧调整最终获取理想的结果,最大限度地帮助农户规避农业生产活动中的风险。

在农业供给侧产品品质方面,农业电子商务也扮演着重要角色。相较于传统农业而言,农业电子商务对农产品各方面信息的记录更加细致和精准。电商平台的农产品线上交易对物联网、大数据等新兴技术加以运用,从而方便了后期产品全流程的追溯。通过实践可知,农业电子商务在对农产品进行购买和销售时,采用网络零售、基层服务网店零售的方式,形成农产品的运销闭合系统,让消费者的需求得到更好满足的同时也助力农产品实现标准化、品牌化、高水平发展,让消费者对农产品质量更加放心。

第二节 "互联网＋"时代背景下农业电子商务的工作实践

近年来我国大力推进农业电子商务,引导电子商务健康发展,加强电子商务基础设施建设,提高市场效率,促进"线上线下"双线融合服务,形成了多种农业电子商务模式。

一、政府引导电子商务健康发展

农业电子商务的起步离不开政府的帮助,电子商务的健康发展也离不开政府的引导。近年来,各级政府部门出台了相关的政策与措施,推动农业电子商务起步与发展。

2015年5月,商务部发布了《"互联网＋流通"行动计划》。其中提出多项发展农业电子商务的措施,包括推动电子商务进农村,培育农村电商环境;推动电子商务进农村综合示范,支持县域电子商务发展,打造一批农村电子商务示范县;全面推广农村商务信息服务工作,推进农产品网上购销常态化对接;支持农产品品牌建设和农村电子商务服务业发展,支持电子商务企业开展面向农村地区的电子商务综合服务平台、网络及渠道建设。

2015年8月,商务部等19个部门联合发布了《关于加快发展农村电子商务的意见》,指出加快发展农村电子商务,是创新商业模式、完善农村现代市场体系的必然选择,是转变农业发展方式、调整农业结构的重要抓手,是增加农民收入、释放农村消费潜力的重要举措,是统筹城乡发展、改善民生的客观要求,对于进一步深化农村改革、推进农业现代化具有重要意义。该意见还提出要提升农村电子商务应用水平,培育多元化农村电子商务市场主体,加强农村电子商务基础设施建设,创建农村电子商务发展的有利环境等多项工作任务。

2015年9月,农业农村部、国家发展和改革委员会、商务部联合发布了《推进农业电子商务发展行动计划》。《计划》指出要发挥电子商务在培育经济新动力、打造"双引擎"、实现"双目标"方面的重要作用,扎实推进农业电子商务快速健康发展。该行动计划提出了要完成的多项工作任务,包括积极培育农业电子商务市场主体,着力完善农业电子商务线上线下公共服务体系,大力疏通农业电子商务渠道,切实加大农业电子商务技术创新应用力度,加快完善农业电子商务政策体系。

2016年1月,农业农村部办公厅发布《农业电子商务试点方案》。《方案》提出积极探索"基地＋城市社区"鲜活农产品直配、"放心农资进农家"等农业电子商务新模式,在北京、河北、吉林、黑龙江、江苏、湖南、广东、海南、重庆、宁夏10省(自治区、直辖市)开展农业电子商务试点,力求突破当前农业电子商务发展面临的瓶颈和障碍,加快推进农业电子商务健康发展。

2016年5月,农业农村部等8部门联合发布了《"互联网＋"现代农业三年行动实施方案》。《方案》提出要提升新型农业经营主体电子商务应用能力,推动农产品、农业生产资料和休闲农业相关优质产品和服务上网销售,大力培育农业电子商务市场主体,形成一批具有重要影响力的农业电子商务龙头企业和品牌。加强网络、加工、包装、物流、冷链、仓储、支付等基础设施建设,推动农产品分等分级、产品包装、物流配送、业务规范等标准体系建设,完善农业电子商务发展基础环境。推进农产品批发市场信息技术应用,加强批发市场信息服务平台建设,提升信息服务能力,推动批发市场创新发展农产品电子商务。加快推进农产品跨境电子商务发展,促进农产品进出口贸易。推动农业电子商务相关数据信息共享开放,加强信息监测统计、发布服务工作。

2016年8月,农业农村部发布的《"十三五"全国农业农村信息化发展规划》。《规划》提出了实施农业电子商务示范工程,重点开展鲜活农产品社区直配、放心农业生产资料下乡、休闲农业上网营销等电子商务试点,加强分级包装、加工仓储、冷链物流、社区配送等设施设备建设,建立健全质量标准、统计监测、检验检测、诚信征信等体系,完善市场信息、品牌营销、技术支撑等配套服务,形成一批可复制、可推广的农业电子商务模式。开展电子商务技能培训,在农村实用人才带头人、新型职业农民培训等重大培训工程中安排农业电子商务培训内容,与电商企业共同推进建立农村电商大学等公益性培训机构,组织广大农民和新型农业经营主体等开展平台应用、网上经营策略等培训。开展农产品电商对接行动,组织新型农业经营主体、农产品经销商、国有农场和农业企业对接电子商务平台和电子商务信息公共服务平台,推动农业经营主体开展电子商务,促进"三品一标""一村一品""名特优新"等农产品上网销售。

2021年,中国财政部办公厅、商务部办公厅、国家乡村振兴局综合司联合发布了《关于开展2021年电子商务进农村综合示范工作的通知》。《通知》指出要坚持以人民为中心的发展思想,因地制宜、分类施策,以提升农村电商应用水平为重点,线上线下融合为抓手,健全农村电商公共服务体系,推动县域商业体系转型升级,完善县乡村三级物流配送体系,培育新型农村市场主体,畅通农产品进城和工业品下乡双向渠道,促进农民收入和农村消费双提升,巩固拓展脱贫攻坚精神成果,推进乡村振兴。

未来,我国农业电子商务发展的重点将放在"统筹推进农业农村电子商务发展""破解农业农村电子商务发展瓶颈""大力培育农业农村电子商务市场主体"这三个方面;注重提高农村消费水平与增加农民收入相结合,建立农产品、农村手工制品上行和消费品、农业生产资料下行双向流通格局,扩大农业农村电子商务应用范围；加强产地预冷、集货、分拣、分级、质检、包装、仓储等基础设施建设，强化农产品电子商务基础支撑，以鲜活农产品为重点，加快建设农业农村电子商务标准体系；开展新型农业经营主体培训，鼓励建立电商大学等多种形式的培训机构，提升新型农业经营主体电子商务应用能力。

二、基础设施建设助力电子商务交易效率提升

基础设施建设是保障农业电子商务快速安全交易的基石。因此，我国要加强基础设施建设，完善政策环境，加快发展线上线下融合、覆盖全程、综合配套、安全高效、便捷实惠的现代农村商品流通和服务网络。

农业电子商务贸易的开展定然离不开基础设施的支撑，基础设施建设可谓农业商务活动开展的重要前提条件。农业电子商务的发展让不同地域的农产品在同样的平台上公平竞争，让那些更有特色、质量更高的农产品能够更顺利地实现和消费者的对接，令消费者的多元需求得到满足。而农业电子商务能否取得成功，在很大程度上取决于其基础设施建设是否完善。

从硬环境的角度来说，我国近年来十分注重对农村基础设施等方面的建设，如公路、宽带等，让农村的物流配送能力得到了很大程度的提升。详细而言，目前我国农村基础设施的建设情况如下，它们都在很大程度上推动了农村电子商务的发展。

农村信息网络基础设施建设取得成效。截至 2020 年年底，全国范围内行政村通光纤和通 4G 比例双双超过 98%。农村网民规模达到 3.09 亿，农村地区互联网普及率达到 55.9%。政府引导、市场主体的农业信息化发展格局初步建立，农业互联网企业不断涌现。

物流配送基础设施变得更加完善。我国很多地区都建设了农产品批发市场，相关部门对这些市场进行了升级改造，扩大了市场网络的总体覆盖范围。另外，全国有很多大型农业物流信息平台建设起来，各地也纷纷成立农业物流行业协会，农村物流领域取得了初步发展。

冷链物流基础设施以较快的速度建设起来，并处于不断发展优化的过程中。如今，人们的生活得到了极大的改善，农业结构也变得更加科学、合理，生鲜农产品的产量和运输量每年都呈递增趋势，在这种背景下，社会对生鲜农产品的要求也越来越高。建设和完善农产品冷链物流体系，有利于

农产品的储存和运输,能够有效避免农产品在储存和运输过程中腐烂和损坏,这无疑为农民增收提供了重要保障。基于物联网的智能冷链技术的出现推动了冷链物流的发展。信息技术的广泛应用在提高运营效率的同时,有利于降低冷链物流的成本。如:电子数据交换(EDI)、射频识别技术(RFID)、地理信息系统(GIS)、全球定位系统(GPS)等,这些信息传感设备通过互联网连接起来,实现了冷链系统的检测、识别、定位、跟踪、追溯和管理等,从而形成了生鲜农产品冷链的物联网,成为保障生鲜农产品从"田间"到"餐桌"全过程的重要"利器"。

三、"双线"融合扩展电子商务服务范畴

这里所说的"双线"融合指的是农业电子商务将线上渠道和线下渠道这两方面融合起来,令服务范畴得到极大的拓展,产地和销售地能够借助电商平台实现彼此的连接,省略了中间的农产品中转和流通环节,从而将农产品在流通方面耗费的成本节省下来。原本处于线下的农产品商家可以在电商平台上申请开办网店,并在申请成功后把商品相关信息上传至网店的展示页面,以让消费者通过这些信息更全面地了解产品。基于电商平台的农产品交易同时为生产者和消费者带来了便利,真正将互联网的优势发挥了出来。

农业电子商务的出现丰富了农产品的服务体验方式,让消费者的消费活动真正实现了线上与线下的结合。下面详细地对几种不同的服务体验方式展开描述。

一是线上到线下的消费方式。消费者在联网的情况下借助手机、电脑等设备可以对各网站或者 App 进行访问,浏览其中的农产品相关信息,比如质量、价格、产地等,之后通过比较多种商品挑选出最合适的付款下单,完成线上交易之后在线下的实体店取货或者是接受相应的服务。

二是线下到线上的消费方式。消费者先在线下的实体店查看和试用商品,若是对商品感到满意,那么就可以通过手机在线上找到与实体店对应的店铺购买自己想要的产品。这样做能够增加商家的线上商品销量,即增加农产品销售热度。

三是线上线下同步的消费方式。很多线上商家开始向实体经济"进军",开设了自己的实体店面,这实际上也是为了更好地满足消费者的需求。

当线上商店无法满足消费者需求的时候,消费者可以到实体店进行体验并接受店家的服务。

在农业电子商务领域,线上线下相结合的服务模式已经占据主流地位,在全国范围内得到了广泛应用。目前,很多农业专业合作社已经充分认识到了互联网的优势,并将网络技术、新媒体技术应用在农产品营销方面,让流通效率和营销水平都得到了大幅提升。

四、市场实践促使多种商务模式涌现出来

近年来,农业电子商务走上了发展的快车道,其商务模式也变得十分多元化。起初,电子商务模式较为单一,主要为网络营销,但是目前我国已经形成了十分丰富多元的电子商务模式,它们具有不同的优势和特点,下面对这些模式展开详细阐述。

（一）基于网上营销的农业电子商务模式

网上营销是最早出现的一种农业电子商务模式,它指的是农户或者商户将农产品相关信息发布在农业信息网站上,并在线下进行具体的贸易活动。农业领域的很多专业网站在发布农业资讯、宣传农产品方面发挥着不可替代的作用。

借助网络实施调研活动,能够为农业电子商务的发展提供重要参考。线上与线下的市场调研有着很大的相似性,只不过将调研活动移至线上进行,借助电子邮件或者在线访问的方式完成问卷调查。相较于传统的线下调查来说,线上调查有着更高的回收率和成功率,问卷答案的可信度也比较高,并且无须耗费过多成本。分析问卷调查结果所得出的结论能为农业行业的各方面决策提供重要依据,从而能够有效提高电商交易的成功概率。

借助网络做促销活动。营销者可以借助网络平台将农产品相关信息传递给社会公众,或者通过新闻的方式把相关信息和服务提供给农产品的消费者。消费者在网络上接触并了解到这些信息后,可以去专业宣传页面更深入地了解农业相关信息,这种基于网络营销农产品的模式是传统农产品宣传方式的创新,帮助了农业生产与消费的对接。

（二）基于合作社的农业电子商务模式

基于合作社的农业电子商务模式把个体化农业生产与农产品销售、流通过程联系起来,成为一个有效的系统。

在生产阶段,合作社以市场需求为依据组织农户们实施农业生产活动,合作社一方面与农业企业签订订单,以这些订单为依据来合理调整农户的农业生产活动,一方面将先进的农业技术提供给农户,助力他们在农业生产管理、栽培养殖方面遵循一定的规范,确保农产品质量能够达到标准。在农产品销售阶段,合作社在网络平台上负责对接商家,并签署购销合同等,确保农产品能够顺利销售出去。在技术和经济条件允许的情况下,合作社会在互联网上开办自己的官方网站,在网站上展示并销售特色农产品,以此来提高农产品吸引力,增加客户询问量和下单量,扩展产品销售渠道。另外,合作社也会利用一些农业行业的中介平台宣传产品、洽谈合作,进行国内或者是国际范围内的农产品交易。

网上交易的诚信和安全性是保障农业电子商务活动顺利进行的重要方面,认证中心则能提供较为安全的交易环境。在物流环节,合作社负责按照质量要求对农产品进行分拣、包装,然后在网上寻找第三方物流公司完成送货服务。在支付环节,合作社可在县城的银行开立账户并开通网上银行,每次交易后的货款由买方直接网上转账。

（三）基于商业平台的农业电子商务模式

基于商业平台的农业电子商务模式具体指的是从事农业生产或者销售工作的企业借助第三方平台进行农产品的网络推广和线下推广,从而让用户通过网络就能够直接获取并浏览关于农产品的各种相关信息;同时企业也能够建设自己的网站平台,并对该平台进行宣传推广。

依托第三方综合平台的模式。在该模式下,交易双方的部分交易过程或者是交易全程都以第三方平台为依托实现,如此一来,交易活动不仅能够接受专业人士的指导,同时它还让交易过程变得更加公正和透明。在该模式下,第三方平台负责对市场的供求信息进行发布,并促成交易双方顺利完成交易活动。在该模式下,很多特色鲜明、价值突出但是宣传不到位的农产品有了展示的机会和平台,并且形成聚合效应,让产品在市场上拥有更高的知名度。

依托纵向垂直电商平台的模式。该模式指的是农业领域某一品种或者某一细分市场专业经营电子商务的交易平台。在该模式下,很多条件允许的大型企业就能够搭建垂直电子商务平台,把农业产业链整合起来,为农产品的销售创造和提供宣传推广的有效渠道,把电子商务的优势最大限度地发挥出来,助力整个农业产业链迅速发展。

（四）基于政府推动的农业电子商务模式

基于政府推动的农业电子商务模式,主要是国家或地方各级政府部门结合生产者、消费者、企业的实际需求,建立带有政府导向性,帮助农资和农产品生产、销售、信息服务及网上交易等的一种农业电子商务推动方式。由于政府具有较强的公信力,因此不论是农户端还是企业端都会信任政府的信息引导,从而形成一种良性的产业闭环。

（五）基于休闲农业的农业电子商务模式

休闲农业属于第三产业,它是农业和旅游业结合的产物。休闲农业对那些具有观赏性质、休闲娱乐性质的农业资源进行了充分利用,并将农业生产活动、艺术加工活动、科技应用活动融合起来,丰富了休闲农业的内容和形式。休闲农业的特点别具一格,这是其他寻常的旅游活动所不具备的,换言之,它能够为消费者创造不同以往的旅游消费体验。农业电子商务和休闲农业的结合便催生了新型农业电子商务模式。有条件的企业或者个人可以构建起休闲农业电子商务平台,将休闲农业服务的详细信息上传至该平台,扩大服务项目的影响力。

农业电子商务为休闲农业的发展提供了巨大的推动力量。休闲农业能够将健康、安全的绿色农产品及优美的乡村环境提供给游客,让游客在享用安全食物的同时能够观看自然美景、呼吸新鲜空气,真正实现身心的全面放松。另外,在休闲农业中,游客还有机会参加各种各样有特色的农村文化活动。上述种种都表明休闲农业有着巨大的市场发展前景,能够受到当今社会人们的青睐。而农业电子商务平台可以将多种服务提供给消费者,让消费者通过该平台顺利地确定休闲旅游目的地,对休闲农业的消费过程有更明确的把握,从而让消费者的整个休闲旅游过程更加顺畅。

第三节 "互联网＋"时代背景下农业电子商务的应用成效

一、农业电子商务令农业产业链延长

农业电子商务令一二三产业得到了延伸,并且令农业产业链变得更加完善。农业电子商务实现了信息技术和农业贸易活动的融合,并且为农业生产经营主体顺利完成各种农产品线上交易活动提供了重要支撑;农产品的运输、交易等活动不再以单个的农户为单位,而是统一集中到农业领域的大市场中,促使农业实现"订单式"发展,推动农业在现代化环境下形成较为完善的运行机制和组织形式。

农业电子商务可以不受时间和空间的制约。其整合了多种资源,为线上信息沟通打造了更加便利的渠道,不仅能实现网上广告、订货、付款、客户服务和货物递交等销售、售前和售后服务,而且采用网络交易平台,还能够将少量的、单独的农产品交易规模化和组织化,带动与农产品销售相关的金融、物流、交通、运输、电信等第三产业的发展,加快了农业产业化进程。

农业电子商务和休闲农业的结合令农业产业链得以进一步延长。农业电子商务的出现和发展令农村产业结构发生变革,同时推动了第二产业、第三产业的发展,从总体上提升了农业效益;为农村的人们提供了大量的就业岗位,让农村劳动力有更多的机会通过劳动赚取钱财;它将城市中关于农业的新技术、新观念、新信息等提供给农村的生产者,并且也将农村农业信息上传至平台供城市人了解,这无疑增进了城乡居民之间的互动交流,在城乡协调发展方面发挥了重要作用;休闲农业的发展提高了人们对农村中各种旅游文化及旅游资源的重视及开发程度,让人们有意识地对农村的资源和环境等加以保护,真正推动中国农业走上可持续发展的道路。

二、农业电子商务令农业生产收入增多

建设社会主义新农村的根本目的在于增加农民收入。在现代社会,传统的经营管理模式显然不再适用,而新兴的农业电子商务有利于优化农业产业结构、扩大销售渠道、减少交易成本,而这些其实都间接地促成了农业生产者的增收。

农业电子商务的发展为农民提供了十分便捷的获取信息的渠道,同时减少了农产品销售过程中的中转环节,创造更多的农事机会给农业生产者,有力地推动了农业的市场化、法治化、国际化、规模化、标准化、品牌化发展,为农村农业走上现代产业化道路提供了推动力,在实现农民增产增收方面做出了突出贡献。

三、农业电子商务为农产品消费者提供了便利

农业电子商务不仅给农业生产者和经营者提供了极大的便利,也让消

费者在购买农产品方面更加快捷、有保障。

农业电子商务将农产品的安全水平提至新的高度。农业电子商务系统应用了各种现代化先进技术,如物联网、预警技术、大数据等,因此电商平台能帮助消费者对农产品进行溯源和质量判断。同时,因为农业电子商务能够实现对农产品的溯源,能够追踪到农产品产销过程中的各个环节,所以也形成倒逼机制,促使各环节保质保量做好工作,这对农产品质量安全水平提升而言有着重要意义。

农业电子商务有助于农产品打造自身的品牌。在农业电子商务平台中,若是农户始终为消费者提供高质量农产品,所提供的产品能够经得起市场的长期检验,那么其产品慢慢就会受到广大消费者的认同和青睐,并树立起自身的产品品牌。

农业电子商务为商家和消费者提供了线上互动的机会与渠道。农业电子商务平台借助数据分析能够更加精准地对消费者内在需求加以把握,并且商家可以借助电商平台组织各种线上活动,让消费者参与其中,在增进他们对农产品认识的同时增加他们的活动参与感和主人翁意识。通过互动提升农产品的销量。

农业电子商务让不同消费者之间有了沟通的平台和机会。让受到地域限制无法见面的消费者也能够通过线上电商平台进行互动沟通,交流在农产品方面的观点及见解。不同消费者之间的交流互动也能够对农产品品牌起到一定的宣传作用,间接地推动农产品品牌的发展,让品牌在整个农贸市场上具有更强的竞争力。

四、农业电子商务为脱贫减贫工作提供了推动力

农业电子商务在助力农村脱贫攻坚方面发挥着重要作用,它给农村的贫困人口提供了创业机遇和就业机会,让那些贫困人口有希望通过自身努力摆脱生活的贫困境地。

当农村电子商务发展壮大、农产品产业链趋于完善时,农民除了能够通过电商平台对农产品进行售卖,还可以发展诸多电商相关产业,例如物流、手工业等,并且能够逐步推动农村旅游业、餐饮业等领域的发展。相较于传统农业而言,农业电商平台的工作准入门槛更低,因而那些无法从事传统农业劳作的人口也有了通过就业增收致富的机会。

农业电子商务的出现令城镇和乡村之间的沟通和联系更加紧密,城乡之间突破地域制约开始进行交易活动,这促使贫困农民有了更多增加收益、

提升自我的机会。因此,农业电子商务的作用并不仅限于扶贫,它还能够及时获取市场和产品销量等数据,让扶贫工作的开展变得更加精准。

五、农业电子商务催生了新型农业产业形态

农业电子商务的发展催生了农业领域的新型产业形态,它将实体农业和虚拟农业融合起来形成前所未有的创意农业,而创意农业的出现又促使大量农民转型,成为当今时代所需要的新型农业生产者。

农业电子商务为创意农业的实现奠定了重要基础。创意农业以附加值文化为理论核心,瞄准农业高新技术发展前沿,着力构建创意农业理论创新体系,为形成城乡经济社会发展一体化新格局提供有力支撑,推进社会主义新农村建设。创意农业充分调动广大农民的积极性、主动性、创造性,改善农村生活方式,改善农村生态环境,统筹城乡产业发展,不断发展农村社会生产力,达到农业增产、农民增收、农村繁荣,推动农村经济社会全面发展的目标。创意农业需要在具体的产业上来实现,而农业电子商务就为其提供了平台,将创意生产方式、管理方式、营销方式集合起来,有利于产品的生产、管理、营销,推动创意农业的发展。

农业电子商务的发展也推动了农业生产者的不断发展,在现代社会成长起来的农民有着更加鲜明的自我提升意识,能够通过不断学习新知识、新技能来提升自身水平,令自己成长为符合时代发展要求的新农民。新农民成为农业电子商务活动的主要实施者和参与者,他们参与农产品电商的各个环节。传统农民文化水平不高,很多情况下是凭借经验来实施各项农事活动的,相较而言,新农民文化水平高、创新能力强,有着鲜明的市场意识和时代意识,他们能够清晰地认识到农村经济社会的发展现状,并且能够积极运用先进知识、先进技术与模式等推动农业行业的迅速发展,真正让农产品的生产方式、流通方式、销售方式等实现变革。

第八章 "互联网＋"时代背景下农业营销模式的创新发展

第一节 农业品牌化

一、"互联网＋品牌农业"的主要发展方向

在"互联网＋农业"的进程不断推进的今天,各农业相关企业也开始重视农业的品牌化发展。目前,无论是从市场环境还是从农业发展情况来说,农业品牌化发展所需条件都已经十分成熟。

从外部条件的角度而言,国家推出了多项惠农政策,推动城乡一体化发展,而政策的支持在很大程度上为品牌农业的形成和发展提供了保障。从农业发展情况的角度而言,近年来,很多大型企业、创业者、资本涌入农业行业,为现代农业的发展起到了极大的推动作用,为农业品牌化发展提供了助力。

在当今时代,农业品牌化已经成为农业领域的一个必然发展趋势。若是企业要走农业品牌化道路,那么就要做好下列工作。

（一）细分品类领导品牌

目前市场上的快消品种类多样,但很多产品存在着模仿甚至抄袭问题,没有形成自身的特色,故而市场竞争力不强。企业要想让自身产品在市场上占据一席之地,那么就要尽快打造独特的品牌,赢得消费者的关注和青睐。

市场上农产品的种类也十分复杂多元,并且长期以来人们会依照品类来对农产品进行购买,但当前市场上形成品牌化发展的农产品数量较少,能够获得消费者青睐并且形成稳定客户群体的农业品牌更是屈指可数。

将来农业品牌化发展会趋于完善,农产品的细分领域也可能会涌现出来一些领军品牌,并在细分领域长期占据竞争优势,为品牌长期发展奠定根基。

（二）专属消费品牌

传统农业的作用在于维持人们的温饱,解决生存问题,故而其规模小、

效率低、收益低。但随着现代社会经济和技术的不断发展,人们对于农产品也提出了更高的要求。未来的农产品也会划分等级,不同等级的农产品对应着不同的质量水平:一是大众消费品,它的目的在于满足人类生存需求,是人们生活中不可缺少的;二是中高端农产品,此类农产品更加强调营养、健康和味道,但其售价也比大众消费品更高;三是农产品中的奢侈品,它对事物属性更加注重,并且开始强调产品对饮食文化的彰显。

目前,农产品品牌化的发展速度仍旧较慢,中高端农产品和奢侈农产品的品牌可谓屈指可数。在这种背景下,若是农业企业能够做好市场布局,真正占领农产品资源,就有利于重塑大众的农产品消费习惯,实现自身的迅速发展。对于稀缺农产品来说,其市场空缺巨大,若是企业能够在此时打造出稀缺农产品专有品牌,那么其品牌影响力就会迅速形成,并吸引一批忠实的受众粉丝,从而有利于实现企业的长期发展。

（三）知名服务品牌

农产品有着极为多元的种类,农产品产业链也具有突出的复杂性,从产品生产到树立产品品牌也是个十分漫长的过程。但是,农产品是人们生活中所不可或缺的,故而农产品每天的交易量都很大,农业企业也可以从服务方面入手打造农产品品牌,在服务方面探寻品牌特色。

农产品服务品牌也有着较多种类,渠道、物流、终端、金融、售后等环节都可以对服务进行优化升级。目前,一些早期入场的服务品牌的收益有了明显提升,如永辉超市、1 号店、多利农庄等。服务品牌的形成在很大程度上影响着我国农业品牌化发展的进程,并且有效填补了目前我国农产品品牌领域的空白。

如今,我国农业品牌化发展已经步入新的阶段,但毫无疑问,当前并未形成农业品牌格局,农业企业有着较大的发展空间和发展潜力,能够以较低的成本来得到较为可观的客流量和市场份额。若是农业企业此时能够占据先机,打造出具有较强稳定性的品牌格局,那么就会在农业行业占据领先地位,剥夺其他企业的入局优势。

二、建设互联网农业品牌的现实对策

在农业领域有规模农业和精品农业之分。若是企业将自身农业发展性质定义为精品农业,那么在营销时就能够实施会员制;但若是其农业生产已经达到了较大规模,那么就需要探索开发其他渠道,打造立体、全面的农产品营销体系,确保农产品能够顺利地销售出去。当然这一切的前提是要有较强影响力的互联网农业品牌作为支撑。在网络时代,农业企业为了更好地宣传和推广农产品,可以运用下列几种营销模式,为互联网农业品牌的打造提供保障。农产品企业的营销模式如图8-1所示。

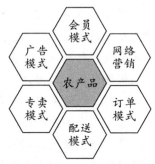

图 8-1　农产品企业的营销模式

（一）会员模式

当前,人们的物质生活水平相较以往而言有了极大改善,人们也更加注重食物的安全性。在这种背景下,不少城市居民开始担心农药、激素、食品添加剂等会危害食品安全,从而更倾向于购买和食用那些真正无污染、原生态的绿色农产品。

长期在城市中生活的人往往会将农村健康、绿色的蔬菜等农产品视为宝贵的美味。对于城市居民而言,无污染的绿色农产品俨然已经成为高端消费品。为了迎合人们的心理、满足人们的需求,很多农业企业开始推行会员制。在未来,会员制将会继续以较快的速度发展,并且业委会、同学会、商会等都能够成为助力其发展的关键角色。

城市中很多居民都有原生态农产品方面的消费需求,他们之中有的甚至愿意出高价购买这些绿色健康的农产品。因此对于企业而言,其任务就是尽快着手打造自身品牌,真正将那些无污染的农产品提供给消费者,让消费者在农产品方面的消费需求得到有效满足。

从长期发展的角度而言,未来会员制的形式可能会被农业行业所淘汰,但从当前的市场情况来说,企业实施会员制能够精准地获取目标群体,并搭建起较为稳定的供货渠道。

（二）网络营销

在"互联网＋"社会,网络营销逐渐进入人们的视野,它的到来令传统营销模式发生了巨大变革。若是企业能够成功运用网络营销模式对农产品进行售卖,那么它们就能够迅速扩大市场覆盖面积,获取更多的消费者。受到季节、成熟周期等因素的影响,很多初级农产品无法实现整年的稳定供应,因此企业在开展农产品的网络营销活动时要限定营销范围,通常来说会选择在一线城市或者是省会城市进行营销。

明确网络营销目标后,为了优化营销效果、达到预期销量,企业需要借助平台对农产品的特点及优势进行宣传,让消费者对农产品有更加全面和准确的了解,并且将农产品的产销过程呈现给消费者,让消费者能够随时查找到农产品的出产地、生产厂家、物流运送等方面的详细信息。另外,企业可以注册社交媒体平台的账号,让消费者通过这些平台的账号实现和商家及其他用户之间的互动;企业可以借助平台多举办网络活动,并积极打造自己的多平台网络营销矩阵,争取让自身品牌有更大的影响范围。

(三)订单模式

订单模式和会员模式有着突出的相似性,二者的不同之处在于会员模式将特定用户作为主要消费群体,而订单模式则更倾向于和那些大型加工企业展开合作。举例来说,粮食类农产品品牌可以和加工糖类、面包等的大型加工企业建立合作关系;水果类的农产品品牌则可以和零食加工企业、饮料加工企业建立合作关系。

实际上,无论是农产品供应商还是农产品加工企业,都希望能够和彼此建立长期稳定的合作关系,因为在发展过程中双方都要承受外在的竞争压力,若是供应商的总体供应量大幅提升,那么需求方可能会产生"以低价购买高质量产品"的想法;若是供应的农产品数量骤减,那么生产方又会给农产品制定较高的价格。若是供应商和加工企业能够长期稳定地合作,将农产品价格始终控制在合理的范围内,那么就能够实现双方的互惠共赢,避免其中一方因为种种原因而蒙受损失。

(四)配送模式

配送模式更适用于那些拥有稳定的企业级用户的互联网农业品牌。对于运用该模式的品牌方来说,它们应当能够提供多元的产品种类,能够将各季节所对应的优质农产品提供给用户。

在该模式中,较为常见的用户当属餐厅、酒店等,它们需要供应商每天为其提供稳定的多品类货源。通常来说,这些酒店、餐厅等一旦和供应商达成合作关系,那么它们就会长期使用供应商所提供的农产品,并且它们每天的需求量也是较为稳定的,方便供应商为其配货。另外,实施配送模式也十分有助于提升农业企业品牌影响力。

(五)专卖模式

对于品牌营销推广工作来说,其终极目标就是实施专卖模式。从很多奢侈品的销售现状可知,通过专卖店对商品进行销售能够获得十分可观的利润。该模式也可以应用在农业领域,农户可以在确保农产品质量达标的前提下在农产品包装方面下功夫,并且打造农产品线下专卖店,借助产品和店面的形象塑造来促使产品品牌更加完善。

应当指出的是,此种营销模式需要花费较多成本,从而会令产品价格升高,为了令该模式得以顺利实施,运营方可先在一线城市进行试营业,等农产品专卖店形成较大影响力之后再在其他城市开设专卖店。

(六)广告模式

"褚橙"品牌是广告模式的代表。"褚橙"有广告产品的性质,其广告价值巨大,并且得到了不少名人的支持。农业企业也可以尝试对广告模式进行借鉴和应用,但应当指出的是,在该模式下农业企业所要打造的是一个广告载体,所以不可单纯地为了发展产品而发展产品。农业企业要将产品打造成公司的"广告牌",用它来创造长期的宣传价值。

第二节 重塑休闲农业

一、休闲农业的主要发展模式与主要经营类型

(一)休闲农业的主要发展模式

1. 田园农业休闲模式

主要通过农村地区的风光、当地特产及生产操作过程激发人们的兴趣,利用当地的资源,通过举办富有地域特色的游乐活动,让城市居民能够零距离亲近大自然,亲身感受田园生活,有农业科技游、田园农业游、务农体验游和园林观光游四种类型。

2. 民俗风情休闲模式

主要通过当地的传统文化、民风民俗来激发人们的兴趣,重点体现传统农村地区的独特文明,举办乡村综艺活动、民间技艺,突出传统节日风俗,体现当地的文化传承,提高休闲活动的文化价值,有乡土文化游、农耕文化游、民族文化游和民俗文化游四种类型。

3. 农家乐休闲模式

通过原汁原味的农家生活、地道的农产品、当地的山野景色来激发人们的兴趣。消费者不仅能够享受娱乐活动,还能在农户家中体验农村人的日常食宿生活。有农事参与农家乐、休闲娱乐农家乐、食宿接待农家乐、民俗

文化农家乐、农业观光农家乐和民居型农家乐六种类型。

4. 村落乡镇旅游模式

通过传统农村建筑以及如今农村地区发展的新面貌激发人们的兴趣，有民族村寨游、新村风貌游、古镇建筑游、古民居游和古宅院游五种类型。

5. 休闲度假模式

以农村地区的田园风光、洁净无污染的空气、当地的文化特色、农村特有的生活方式为主导，开发度假区，供消费者度假、游玩，可以让消费者暂时告别快节奏的都市生活，放松身心，有休闲农庄、乡村酒店和休闲度假村三种类型。

6. 回归自然休闲模式

开发农村地区的自然资源，比如在山区开展登山及远足活动，在湖泊较多的地方开展游船、滑水活动，在林木繁茂的地区开展森林浴等，有露宿营地、森林公园、水上乐园、湿地公园和自然保护区五种类型。

(二)休闲农业的主要经营类型

1. 观光农园

主要针对林果、花卉、蔬菜和茶叶等农园开展一系列活动，消费者可在园内摘取水果、茶叶、蔬菜或者进行花卉观光，亲身体验收获的充实感。科技农业在经营过程中，采用先进的科学生产技术，让游客更加直观地了解现代农业发展，主要经营形式有药膳农园、基因农场、温室栽培、阳光农园、农技博物馆、生物工程和水耕栽培等。

2. 生态教育

这种经营方式主要是为了防止生态环境遭到破坏，同时向人们普及更多的知识，主要经营形式有有机农园、户外环境教育、户外野餐活动、生态农园、野生动物保育讲座和户外度假住宿等。

3. 森林旅游

以林木茂密地区的山野景观、广阔的森林、复杂的地形、多样的植被、野生动物、幽深的峡谷和清澈的溪水等吸引人们前来游玩，主要经营形式有森林浴步道、赏鸟、体能训练场、森林保育、森林浴、森林小木屋和自然生态教室等。

4. 农庄民宿

利用农村当地能够体现地域特色的建筑，以及原生态、特色农产品开展经营，为消费者提供食宿，让他们深入体验农村生活，经营形式有自然休养村、民俗村、渔村及普通农庄等。

5.民俗旅游

为游客展示当地农村的民风民俗，以此开展经营活动，主要形式包括乡村居民建筑、民俗古迹、农家生活体验、乡村博物馆、农村民俗文化馆、农产品生产作坊和地方人文历史等。

6.渔业风情

利用当地丰富的渔业资源，供游客休闲、观光和娱乐，向他们普及相关知识，在靠近海洋的地方发展航海及相关渔业体验经营活动，主要经营方式有建设海底世界、由当地渔民带领游客出海捕捞、允许游客在海边钓鱼等。

二、"休闲农业＋旅游"的体验营销实施路径

（一）把握消费者内在需求，准确定位消费市场

社会发展促使人民生活水平和消费水平不断提升，很多城市居民十分注重开展旅游活动、丰富休闲生活。在此背景下，休闲农业经营商应当明确休闲农业领域消费者的消费目的，并进而探寻出相较于其他旅游方式来说休闲农业在哪些方面占据优势地位。举例来说，游客或喜欢农村的新鲜空气，或喜欢农村的幽静氛围，或喜欢农村的悠闲自在，或喜欢农村人民的热情好客的品质……经营商可以积极开展市场调查把握游客的内在核心需求，并以此为依据进一步完善和发展休闲农业。

（二）开发独特新型项目，注重消费者参与体验

相较于传统旅游模式而言，如今的消费者更加在意旅游过程中的体验感，他们的消费需求、消费习惯、消费行为等也和以往有着巨大差别。一般而言，人们往往会在一段时间内十分关注某种体验产品，这段时间过后人们对该产品的关注度就会逐渐下降，因此为了提升休闲农业旅游产品对消费者的吸引力，经营者需要不断创新，对产品进行优化升级。

通常而言，很多休闲农业消费者想要在旅途中获得独特的、沉浸式的体验。为了令消费者需求得到满足，经营者需要不断开发与众不同的体验项目，让产品契合消费者的消费心理，从而让游客在旅途中更加全情投入，获得新鲜的旅途感受，收获精神层面的充分满足。详细而言，休闲农业经营者需要做好下列工作：

首先，准确把握消费者内心需求。经营商要通过多种方式了解消费者的消费习惯、价值观念及行为特点，并以这些内容为依据群策群力开发出更多契合消费者需求的多种休闲农业旅游产品，同时还要对服务体系加以优化和完善。

其次,激发消费者参与旅游项目的积极性。经营商在设计产品时要十分注重互动元素的添加和融入,让消费者产生强烈的购买项目动机,并在购买成功后通过项目获得沉浸式体验,帮助消费者在旅途中舒缓压力,愉悦身心。

(三)构建现代化管理体系,优化完善硬件设施

在休闲农业中供应商所提供的服务也具有突出的不可分离性,即服务的生产过程和消费过程始终是同步进行的。在休闲农业中,消费者在接受商家提供服务的同时也可以获得相关体验。因此从经营者的角度来说,既要将优质的基本服务提供给消费者,还要尽量赋予游客突出的体验感。

第一,进一步发挥出相关领导部门的管理作用,让相关部门切实履行好自身职能,并能够实现彼此间的配合协作。

第二,针对休闲农业各领域制定明确标准,确保其在交通、市场、环境、资源等方面的发展都有制度保障。

第三,制定管理章程,确保休闲农业各项目能够实现规范化运营,同时有利于项目审核、团队组建、卫生检查、产品售价和服务调整等都符合制度设定。

第四,优化完善各项目所需的硬件设施,为服务质量的提升提供一定的保障。休闲农业项目经营商要确保旅游区域内有着较为完善的交通设施、水电设施、通信设施等,并做好食品安全、游客人身安全保护等工作,确保游客在游玩期间没有后顾之忧;另外,要完善旅游区域内的诸多配套设施,确保不因设施不到位而降低项目的服务质量,助推休闲农业的科学健康发展。

(四)提升营销人才质量,借鉴其他公司先进经验

为了使休闲农业的从业者具有更高的素质和能力,经营商需要积极组织培训课程,扩充从业者知识体系,提升从业者专业技能,让他们能够为消费者提供更加优质的服务,从而提高消费者对休闲农业项目的满意度。

休闲农业的经营发展涉及多个产业与领域,这就要求从事该行业的从业者具备较强的综合知识能力。因此,企业管理者要在不断充实自己的同时,组织各种内部学习活动或者培训活动,促使工作人员能够更加深入地把握旅游经济、农业规划、市场营销等知识,从而促使员工实现个人技能的提升。

另外,为了保护好农村生态环境,企业要在做好管理工作的同时加强员工生态环保意识、环保文化和技能等方面的培训,并且可以多和国内外的同行业企业进行交流,或者邀请其中的优秀人士到公司内部举办讲座等。公

司也可以派遣部分员工到优秀企业学习,对其经验、技术等加以借鉴,以此来不断推动公司经营体系的完善。

第三节　农产品销售新模式

一、农产品销售新模式的核心要素

(一)产品

当前,很多企业和农户所生产出来的农产品商品特性不完整,且不具备完整生产线,其生产标准具有较强的主观性,因而给产品配送造成了一定的困难,也就间接地影响了农产品的销售数量。

在农产品的新型销售模式中,产品应当具备一定特性、产品系列、独立品牌、分类标准、包装标识等,唯有具备了这些,它才能够被称作商品。不管是农户还是企业,在销售农产品的时候,都要将这些内容完整、准确地展示给用户。

另外,农户还要做好农产品定位工作。目前,很多农户在介绍产品时能够准确地说出产品名称,但在介绍产品优势时却说得十分笼统,无法科学、准确地说出相较于其他产品来说本产品的具体优势所在。其表述十分浅薄、含糊,故而无法在众多产品中凸显自身农产品特色,不利于产品的后期推广。

(二)内容

企业开展产品销售活动需要将内容作为依托,借此来呈现企业在产品和服务方面的出色之处,吸引消费者进行付费购买。因此,为了获得预期的销售效果,农产品供应商在进行正式的市场营销前需要做的一项工作就是创造营销内容。这里所说的营销内容涉及产品的诸多方面,例如产品特点、生产过程、生长环境、品牌内容等。

农产品有着极为丰富的营销内容,在进行市场营销工作前,企业可以对营销内容进行深入挖掘和系统整理,并以恰当的形式将这些内容呈现出来,为后期的内容传播奠定基础。

(三)品牌

在农业行业之中,很多农产品仍旧依靠原始方式进行售卖,尚未打造出自身的品牌。未成功树立品牌给农产品的营销造成了一定的阻碍,并成为农产品营销行业所必须面临的一个重要问题,之所以会出现这种情况,主要是因为下列两点:第一,农产品生产者并未形成树立品牌的意识;第二,没有切实地树立品牌的可行途径供农产品生产者执行。

当前,我国很多农产品用品种、产地等作为区别于其他农产品的重要因素。尽管部分产地的农产品在全国范围内已经有了较高的知名度,例如济宁的大蒜、攀枝花的芒果、莱阳梨等,但总体而言,它们无法被称作品牌,因为企业不拥有这些农产品的知识产权,故而企业在这些产品上无法受到法律保护,若是不法分子对企业权益进行侵犯,那么企业也无法顺理成章地通过法律来抵制和对抗各种非法行为。因此,在市场竞争日趋激烈的今天,很多农产品生产者开始形成了品牌意识,并在品牌建设方面投入了不少人财物等资源。

(四)渠道

很多农户对渠道营销缺乏基本的了解。长期以来,农户认为自身的任务主要是种植农产品,并在采摘收获之后将这些产品提供给经销商,若是经销商收购不完,就把农产品放在周边集市进行售卖。在这种情况下,农户往往不会主动地参与到农产品的市场活动中,故而也就在很大程度上丧失了渠道的控制权。遇到农产品增产丰收的年份,经销商可能会压低商品价格,从而致使部分农产品无法顺利销售出去;遇到农产品产量较低的年份,农户自身要承担减产所造成的巨大损失。

农产品营销需要走出农村。面向更为广阔的全国市场甚至是国际市场,理清从农产品的需求方到生产方的传播路径,并尝试找到切入点来进行渠道营销。

(五)传播

互联网上充斥着海量信息,要想在网络上顺利进行营销推广,生产者或者企业就要积极开发农出与产品相关的优质营销内容,若是可以运用好这些内容,那么就能有力地推动农产品的销量上升。农产品营销内容定然涵盖了农产品从生产到销售的诸多环节,因此可以说农产品营销内容是源源不断、取之不尽的。另外,农产品的相关内容及信息往往会受到都市人们的欢迎和喜爱,他们会对这些信息予以极大的关注。

很多农产品生产者不具备较高的学历水平,并且他们不具备一些新技术、新思想,对新鲜事物的接受程度不高。因此,各地政府可以给农户进行一些培训,让他们对营销有更加深入的了解,助力他们通过科学的知识和技术在市场上提升自身的竞争力。

二、"互联网＋"背景下农产品销售对策

农业是我国国民经济的基础性产业，它提供着人类生存发展所不可或缺的重要资源，但是应当指出的是，作为农业生产者的企业或者农户在市场上地位较低，在农业产业的价值传递中始终未占据优势地位。要想解决该问题，就要提倡和引导农业生产者融入市场竞争，真正借助科学知识和先进技术来促进农产品的营销发展。

在当今时代，农业行业充斥着大量的同质化竞争，在这种背景下，发展和完善农产品网络营销能够有效地推动农户和农业企业的进步及发展。农产品网络营销为农产品的销售提供了现代化渠道，为扩展品牌影响力范围、增加农产品销量提供了重要助推力，在促进农产品供需平衡、增加农户收入方面发挥着重要作用。在网络时代，农业企业应当把握时代发展趋势，抓住时代赋予的发展机遇，力争通过各种现代化途径和方法实现农产品营销水平的大幅提升。

（一）开展农户培训，完善其营销认知

农业企业可以和政府联手开展对农户及企业员工的培训，让他们有更多机会接触和学习营销知识及技能，为他们搭建系统的营销体系，并力争将农户和企业员工培养成符合社会发展要求的新型信息化人才，让他们在农业行业的营销实践中发挥自身作用。

（二）实现产品全程追溯，增强百姓食品安全意识

为了确保所销售的农产品具有更高的安全性，很多农业企业和生产者通过网络技术、移动设备等打造出了农产品质量追溯体系。在该体系的支持下，消费者仅需用联网的手机扫描农产品对应的二维码就能够获取农产品从生产到销售所有环节的详细信息。这样一来，不仅方便了人们对农产品的管理和监督，也让品牌影响力有了大幅提升。

（三）拓展线上营销渠道，完善物流配送体系

在当今时代，互联网、云计算、大数据等现代信息技术已经得到了普遍应用，人们可以借助这些技术来拓展农产品的线上营销渠道，打造出具有多功能的农产品电子商务平台。农业企业可以将互联网的种种优势和农产品营销结合起来，实现农产品的现代化营销，让消费者能够通过互联网迅速获取产品的诸多信息。由此一来，那些信息公开、过程可追溯、产品质量优良的企业就更容易得到消费者的青睐。

（四）优化农产品信息服务，推动产品品牌化发展

相关部门及有条件的农业企业可以积极建设农产品信息服务平台，借助农产品产地及文化等方面的优势突出农产品特色，做好农产品的定位和宣传工作，让消费者更精准地把握产品品牌特色。企业要充分挖掘农产品的差异性，并对这些差异加以凸显，让品牌具备更强的溢价能力，为农产品后期的营销推广奠定基础。

目前，我国的农业行业仍旧处于初步发展阶段，在农产品生产至销售的诸多环节尚未实现现代化发展。在互联网时代，网络技术成为推动农业现代化发展的重要动力。互联网与农业相结合革新了农产品的传统营销方式，使农业企业和生产者、消费者之间的关联愈加紧密，并且进一步增强了品牌影响力，壮大了消费者群体，为农业的迅速发展提供了重要动力。

第九章 "互联网+"时代背景下财政支农政策优化

第一节 加大农业科技投入

实现农业科技创新的一个重要前提条件就是进行农业科技投入。农业科技投入水平是对国家和地区农业科技活动状况进行评价和衡量的一个重要指标,同时它也是对国家和地区农业科技创新程度进行判断的一个重要根据。长期以来,我国都对农业科技投入给予了高度重视,但是因为我国农业基础薄弱,加之受到财力等因素制约,长期以来我国的农业科技投入处于较低水平,这无疑拖慢了我国农业科技创新的脚步,致使我国农业科技发展水平得不到有效提升,农产品不具备较高的附加值,让我国农产品在国际市场上不具备较强的竞争力。由此可知,如何提升农业科技投入的质量及数量是目前人们应当着重思考的问题。

一、农业科技投入的含义与构成

(一)农业科技投入的含义

农业科技投入是指一个国家或地区在一定时期内用于农业科研、转化和推广的总支出,包括科技资金投入、人力投入、物资投入、政策投入和管理投入等。农业科技投入主要包括两个方面:农业科研方面的投入和农业科技成果转化推广方面的投入。

农业科技经费的投入不但包括资金投入,还包括政策、管理与技术等软投入,因为政策和管理等科技投入难以量化,所以收集整理统计数据有一定的难度,不利于开展定量研究。因此,为了便于收集整理统计数据,进行农业科技投入的动态分析和区域之间的横向比较,这里所说的农业科技投入数据主要指狭义上的农业科技投入,即单纯的农业科技经费的投入,不包括政策、管理等软投入。

(二)农业科技投入的构成

1.按农业科技投入主体划分

按投入主体的不同,可以将农业科技投入体系划分为政府投入和非政府投入。政府投入主要包括科学事业费、科技基建费和部门事业费中科技服务费等。非政府投入包括企业、银行、其他社会团体和农民等的投入。

2.按农业科技投入客体划分

农业科技投入的客体是指农业科技投入资金的使用者。从我国当前的实际情况来看,农业科技投入资金的客体即农业科研机构、农技推广部门和企业三个部分。其中,农业科研机构主要指各类农业科研院所、农业高校、各科研院所中的涉农部门和各综合性高校中的涉农院系。农业技术推广部门主要包括各级农业科技推广站、农业科技服务中心等,是专门从事农业科技推广应用和传播的各级机构。企业则是指从事农业创新活动的涉农企业。

3.按农业科技投入的用途划分

按农业科技投入资金的用途不同,农业科技投入可以划分为农业科技研究开发的投入、农业科技成果转化推广等方面的投入,即对基础研究、应用研究、成果转化等几个阶段的投入。根据中国科技统计年鉴上的定义,基础研究是指为了获得关于现象和可观察事实的基本原理的新知识(揭示客观事物的本质、运动规律,获得新发现、新学说)而进行的实验性或理论性研究,它不以任何专门或特定的应用或使用为目的,其成果以科学论文和科学著作为主要形式。应用研究是指为获得新知识而进行的创造性研究,主要针对某一特定的目的或目标。应用研究是为了确定基础研究成果可能的用途,或是为达到预定的目标探索应采取的新方法(原理性)或新途径,其成果形式以科学论文、专著、原理性模型或发明专利为主。成果转化是指为提高生产力水平而对科学研究与技术开发所产生的具有实用价值的科技成果所进行的后续试验、开发、应用、推广直至形成新产品、新工艺、新材料,发展新产业等活动。

4.按农业科技投入的领域划分

按照农业科技投入的农业产业领域划分,大致上可划分为种植业投入、养殖业投入和农产品加工业、物流等方面的投入。

5.按农业科技投入的要素划分

按照农业科技投入的要素划分,可分为资金投入、人员投入和政策投入等。

二、农业科技投入在农业科技创新方面的重要意义

(一)增加农业科技投入是农业科技创新的前提和基础

科技研究和技术创新都离不开一定的物质支撑,因此它们定然需要科技投入。换言之,科技投入是农业科技创新不可或缺的前提和基础。唯有

切实增加在农业科技领域的投入,才能够为农业科技创新提供助力。无论是何种类型的农业科技创新能力,在很大程度上都会受到科研投资总量、经费运作效率等方面的重要影响。科技投入最终往往能够推动经济增长,这是因为农业科技投入在一定程度上能够催生先进适用的科学技术,而先进适用的科技创新成果能够为社会提供巨大的生产力。另外,在全球化趋势不断发展、市场压力不断增大的今天,唯有积极推动农业科技创新,才能够进一步发展提升农业市场竞争力,让我国农业市场在世界范围内占据优势地位,故而我国要不断加大农业科技投入。

（二）农业科技投入机制是加快农业科技创新的中心环节

农业生产活动受季节影响,并且呈现出一定的周期性,这些方面增加了农业科研活动的难度和复杂程度,让农业科研产生成果的周期变得十分不确定。另外,部分科研成果问世之后无法直接应用到农业和生产之中,将其转换为农业生产成果要花费一定的时间。与此同时,农业科研有着突出的公益性特征,这就对农业科技投入的长期稳定性提出了较高的要求。长期以来,受到财力、农业基础等诸多方面的影响,我国农业科技投入处于较低水平,故而无法有效推动我国实现农业科技创新,也就间接导致我国农产品在世界市场上缺乏竞争力。可以说农业科技投入不足给我国农业生产活动造成了极大的阻碍,唯有构建起稳定、高效的农业科技投入增长机制,才有可能大幅提升我国农业科技创新水平。

三、农业科技创新的投入主体

（一）政府

1. 在农业科技创新投入中政府是不可缺少的角色

在农业科技投入领域,政府始终居于主体地位。社会产品按竞争性与排他性可分为私人产品和公共产品,公共产品又可以区分为纯公共产品和准公共产品。纯公共产品不具备消费或使用的竞争性和排他性,任何人增加对这些商品的消费都不会减少其他人所可能得到的消费水平,即具有不可分割的外部消费效果,且无法排除一些人"搭便车"的情况,这将导致公共产品供给不足。准公共产品具有竞争非排他性或者是排他非竞争性两种特性中的一种。农业技术易于复制,使用者众多,产权边界难以有效界定,如种质资源、病虫害防治技术等,在使用上具有非竞争性和非排他性。由于农业科技总体上具有公共品的特性,存在明显的公益性、非排他性、非竞争性和外溢性等显著特征,农业科技的供给存在"市场失灵",而市场失灵的领域正是政府发挥作用的领域,因此,政府应该成为农业科技提供的主体,农业科技创新其资金投入机制应以政府投资为主体,政府进行农业及农业科技投资的行为动机是谋求宏观及长远的经济利益与社会效益,保障人民生活需要及国民经济的发展,可以说加大对农业科技创新的投入符合政府的长远目标。

政府农业科技投入是指在特定时期内由各级政府依据法定筹资手段,通过国民收入初次分配和再分配集中的、可供支配的财政收入,并以专门的预、决算科目和明确的政策指向、拨款方式,支持农业科技活动为宗旨的全部经费拨款数额,包括政府补助和承担政府项目等。政府对农业科研的投入主要是中央与地方政府对农业科研机构和农林院校的财政拨款、农业科研机构和农林院校开发创收收入中用于农业科研活动的投资;对农业科技成果转化的投入主要是中央与地方各级政府对农业技术推广活动及其推广基本条件的财政投入,具体来看,政府农业科技投入包括科学事业费、科技三项费、科研基建费、科学基金、教育等部门事业费中计划用于科技活动的经费以及政府部门预算外资金中计划用于科技活动的经费等。其中,科学事业费,指的是拨给政府部门属研究与开发机构及高等学校属科研机构的科研行政费和业务费;科技三项费指的是新产品试制费、中间试制费、重要科学研究补助费及其专项费,由国家根据科研项目拨给相关单位。

2.对政府农业科技创新投入造成影响的因素

政府对农业科技创新的财政投入是类似于公共选择的过程,在这一过程中受多种因素的影响。

(1)经济因素

经济发展是农业科技投入的重要基础。目前,政府是农业科技投入的主体,即农业科技投入的大部分份额来源于政府投入。政府投入来源于政府的财政收入,而其财政收入又在很大程度上受经济发展状况影响。所以可以说农业科技投入的增长以经济增长为重要根基,同时经济增长也在很大程度上影响和决定着政府投入的具体份额。在相对有限的财政资源中,虽然农业科研的平均收益高,但风险太大,政府对农业科技的投入力度要与无数其他潜在的更受支持的政府计划相竞。农业科研的外部性等特征使得项目投资的收益分配不可能达到最优水平,基础性农业科研投入的时序分配往往得不到政府计划的优先安排。目前我国政府在宏观经济调控政策上加大了对农业的财政投入力度,加大了对农业的财政性支持,但是相对于我国农业发展的需要而言,其力度和规模仍然受到政府财力的限制。

(2)经济发展方式

能够对农业科技投入产生影响的另外一个重要因素是经济发展方式。

国家和地区的经济发展方式主要包括粗放式增长方式和集约式增长方式。粗放式增长方式指的是在生产要素质量、结构和利用效率等都不发生改变的基础上，通过大幅增加生产要素数量的方法来推动经济增长的一种方式；集约式增长指的是借助提升生产要素的质量及利用水平、优化生产要素的配置等方法来推动经济增长的一种方式。通常而言，粗放式增长方式常见于经济发展初期，等经济有所进步迈入新的阶段时，就会逐渐转变为集约式发展方式。农业集约式是以农业科学技术的强力支撑为条件和基础的，通过农业科技的发展来提高各类农业生产要素的质量，提高农业生产要素的利用效益，进一步改进农业生产要素的结合方式。

（3）政策因素

国家的宏观经济调控政策也在很大程度上影响着政府在农业科技创新方面的投入力度。当前，不少发达国家将财政支出的重心放在农业方面，给予农业行业较大的扶持；但很多发展中国家更倾向于将财政支出的重心放在城市发展方面，这样带来的后果就是农业领域投入减少，农民无法得到较为充分的保护。在 20 世纪 80 年代之前，我国生产力处于较低的水平，因此国家开始实施赶超型发展战略，在当时的社会条件下主张对重工业进行优先发展，这就使得我国在国民收入分配方面出现不均衡局面，为了推动政策顺利落地，产品价格和生产要素价格被扭曲，产生了不利于农业、农村和农民的政策环境。我国长期的计划经济体制决定了政府农业科技投资行为存在着"政府偏好""工业偏好"的二元经济和计划经济特征，这不仅造成了农业生产长期低速增长，而且也大大削弱了农业资本积累、技术革新的实力，制约了农业的发展后劲。改革开放后，随着社会主义市场经济体制的不断完善，我国农业科技投入初步形成了投资主体多元化、投资方式多样化、投资来源多渠道、项目建设市场化的新格局。但是，由于长期受计划经济的影响，我国农业科技投入体制改革进展缓慢，原有的科技创新和投资模式已不能适应经济发展的需要。

（二）企业

1. 在农业科技创新投入方面企业所发挥的作用

企业对农业科技创新的投入主要包括从自有资金中提取或接受其他企业委托的资金以及科研院所和高校等事业单位接受企业委托获得的，计划用于科研和技术开发的投入。目前农业科技创新成果不断地应用在农业生产之中，并且我国逐渐搭建起较为完备的知识产权保护体系，在此种背景下，企业在农业科技创新领域占据着愈来愈举足轻重的地位。因为在农业科技创新方面，企业是具体的实施主体，这就要求它们及时把握市场行情及新鲜资讯,合理选择农业科技创新项目加以落实,并做好筹集资金方面的各项工作,积极应对各种可能出现的风险,并且其工作不应受到政府相关部门的干扰和影响。当前,农业科研体制市场化改革不断深入,很多企业开始尝试实施农业科技创新活动,有条件的企业成立了相应的研发中心,为农业技术创新提供了良好的物质条件。由此可知,在当今时代,农业产业化龙头企业显然已经成为推动我国农业科技创新发展的重要力量。

2.给企业的农业科技创新投入带来影响的重要因素

(1)企业的综合实力

企业的农业科技投入能力在很大程度上是由其综合实力特别是经济实力所决定的。企业的综合实力又在一定程度上通过其研发能力体现出来。企业研发能力是指企业在科技创新过程中,充分发挥其所拥有的各种资源的作用,获得创新收益的实力和可能性,也是对现有技术和引进技术进行吸收、消化和进一步创新的能力保障。企业综合实力的提高,意味着企业可以有更多的资金用于农业科技创新投入,促进企业农业科技创新能力的提高。

(2)企业的价值取向

企业领导和员工对科技创新的重视和追求程度是企业落实科技创新活动积极性的重要影响因素。企业领导和职工在科技创新方面往往会形成一定的价值判断及内在观点,具体呈现为在创新方面所表现出来的偏好或者精神,也恰恰是这些思想层面的内容促使他们落实相应的创新行为,影响着创新实践的进展程度。当前,阻碍我国农业企业科技创新能力发展的一个重要方面在于企业决策层并未充分认识到科技创新的重要性,它们仅仅在科技创新方面投入了较少的资金。唯有企业领导和员工都充分认识到创新能力建设的必要性和重要性,真正发挥出企业组织协同效应,技术创新才会拥有肥沃的土壤。

(3)政策与法制环境

企业科技创新能力的建设离不开法制、政策等方面的支持。目前,缺少资金投入是制约企业进行科技创新活动的主要因素,而筹集资金困难的主要原因是企业在银行贷款、社会融资、吸收风险投资公司资本方面面临着重重阻碍。企业在实施科技创新活动的具体过程中需要承受各种不确定因素所带来的风险,为了降低企业风险、促使企业顺利实施科技创新活动,各级政府应当真正对企业科技创新方面予以重视,并力争为其提供政策扶持、税收优惠等,打造良好的外部环境。

(三)农户

1.农户对农业科技创新投入的影响

农户是实施农业生产活动的基本单位,是应用农业科技创新成果的主要群体。现代农业技术的应用情况在很大程度上决定着农民的收益情况。由此可知,农户定然是农业科技创新投入方面的一个重要投资主体。农户在科技投入方面的积极程度是决定科技创新能力建设最终效果的重要方面。农户的技术选择则具体影响着其在技术方面资金投入的多少,所以说,在农业科技创新资金投入方面,农户行为发挥着关键作用。近年来,农村地区的经济水平有了大幅提升,农民物质生活水平有了极大改善,农业生产要素的供应情况也发生了极为明显的变化,这些都使得农民的技术选择行为与以往相比出现了较大的差异。如今,农业生产者更加倾向于使用小康型的优质技术、劳动力替代型的技术。由于长期以来农业及农民弱化的积累效益,农民科技投入能力极为低下,制约了农业科技创新成果的应用。

2. 影响农户对农业科技创新投入的因素

（1）生产经营规模

目前,我国在农业方面推行的是土地分散经营制度,即以农户为单位每家进行小规模的土地耕种。土地耕种规模小、技术投入成本高等因素使得农户在推行新兴技术方面积极性不高,这些无疑都不利于农业科技创新成果在农业领域的顺利应用。

（2）科学文化素质

在农业科技创新领域,农民主要负责对技术成果进行实际应用,但进行技术应用的前提条件是农民要具备一定的技术文化水平。目前,我国经济增长方式发生了较大改变,农业行业更加注重对高新技术的应用,农业技术也更加追求农业生产的高效、高产,在此种背景下,很多农民仍旧存在文化水平落后、综合素质不符合时代发展要求等情况。加之农村人才和劳动力外流情况严重,使得留在农村从事农业生产活动的大多是受教育程度低、技能掌握少、年龄大的农民,而这样的情况定然会给社会主义新农村建设造成一定的阻碍。

（3）农民收入水平

农民收入水平的高低也是制约科技投入的重要因素。近年来,我国农民收入虽然增长很快,但总体水平依然不高,制约了农民再生产投入能力的提升。

（四）金融部门

1. 金融部门在农业科技创新投入方面的作用

金融部门对农业科技创新的投入主要指各类金融机构用于科技活动的贷款。大力提升农业科技创新能力,加速农业科技产业化进程,培育具有国际、国内领先水平和强大竞争力的农业科技企业,需要以强有力的资金支持为前提,而作为主要从事资金融通职能的金融部门可以较好地满足这一要求。金融部门可以为农业科技创新提供全方位、多角度的金融服务和资金支持,保证农业科技创新有稳定的资金来源。金融部门通过调整投入重点和投入布局,可以扩大农业科技的研究面,使有限的科技资源得到合理的配置,促进学科结构的优化整合。目前,金融部门对农业科技创新的投入主要包括三个方面:一是科技开发贷款,如星火计划、火炬计划专门贷款和其他科技开发贷款,这类贷款的期限一般比较长,一般在1~5年;二是委托贷款,由掌握资金的部门或单位委托金融部门贷给指定对象或者由掌握资金的单位把款交给金融部门之后,由金融部门选定对象发放贷款并承担风险;三是融资租赁,即金融部门购买仪器设备给使用单位,使用单位在还清仪器设备款之前,该仪器设备所有权属金融部门,仪器设备款付清后,所有权转划归科研机构。

2.影响金融部门对农业科技创新投入的因素

金融部门的经营机制是自担风险、自我约束、自负盈亏、自主经营,因此,金融信贷资金对农业科技的投放要受到安全性、效益性等商业经营原则的限制,其投入要求农业科技创新具有经济价值。在农业科技研究成果中,有些具有经济价值,有些虽具有科学价值但不具有经济价值,因而农业科技的经济价值是金融支持农业科技创新必须要识别清楚的问题。但是,在我国目前的金融体系中,为农业科技发展提供融资服务的支持体系还需进一步完善,通过创新农业金融支持体系来解决农业运转和发展所需要的资金也不会一蹴而就。因此,面对目前我国进行农业科技创新所需要的大量资金,金融投入的方式具有局限性,还有赖于政府的财政投入。

第二节 加大农业生产者教育投入

一、拓展培训渠道,增强农民综合素质

农业生产受到诸多因素的影响,但其中最为关键的一个因素当属农民的能力。农民的能力主要取决于其受教育程度。一般来说,农民的受教育程度越高,他们获取、处理及应用信息的能力就会越强,也更容易及时地捕捉市场信息、应用现代社会新技术。

从总体上来看,我国农民的科学文化素质普遍处于较低水平。我国农民科学文化水平较低,传统农业思想观念严重,无法充分认识到应用新技术、新成果的重要性,并且对新技术、新信息、新品种的接受程度较低。在农

业科技成果转化为实际的农业生产力方面,可以说我国远远落后于发达国家。之所以会出现这种情况,除了因为受到科技推广资金及体制等方面的制约之外,还因为受到农民科学文化素质水平的制约。很多农民不愿意接受和应用新技术,除了受到传统观念的桎梏之外,很大一部分原因是他们目前的知识和技能无法令他们顺利地掌握和运用新技术。而若是农民始终沿用传统的农业生产技术,那么很多农业污染问题等就无法得到有效解决。因此,为了切实提高农产品品质,相关部门要积极拓展农民培训渠道,加大农民培训力度,将农民打造成综合素质较高的新型农业生产者。这对农业生产、农业发展而言具有重要意义,并且在社会主义新农村建设方面起着重要的推动作用。

要想做好农村教育工作,政府及相关部门要加大对农业教育的投入力度。除国家拨款之外,地方财政也要划出一部分资金助力农村教育的发展;相关部门在农民群众中所征收起来的教育附加费,要确保全部投入在教育领域,应用在配备学校设施等方面。另外,要开发经费筹集渠道,争取社会各界对农村教育事业的关注和支持,吸引企业到农村办学,力争为农村教育打造出一批较为稳定且质量较高的教师队伍。另外,还要推动职业教育、科普教育、义务教育等多种类型教育的融合,真正打造出立体、完备的农村教育体系。在农村教育体系之中,职业教育是提升农民技能的主要方式,科普教育是丰富农民知识体系的重要方式,义务教育则是提升农民综合素质的关键渠道。

20世纪80年代以来,我国农村的义务教育也取得了显著发展,但与城市相比还有较大的距离。总体而言,目前农村基础教育仍旧处于初步发展阶段,并且基础教育并没有覆盖所有农村地区,因此部分农村地区仍旧存在着较为突出的失学问题。因此,我国要进一步强化农村基础教育,做好农村地区的九年义务教育工作,让农村地区学龄儿童的入学率、巩固率得到一定的提升,并让青少年都能够顺利接受初中教育。

另外,相关部门要建立和完善农村地区的成人教育及职业教育体系,为农民素质提升创造优良的外部条件。具体而言,要从农业生产现实状况出发,运用各种有效途径、形式、机制等实现农村职业技术教育发展,让农民掌握如今社会先进的种植和养殖技术,学会如何根据当前的市场行情调整自身的生产结构,并让他们从选种、生产到销售都实现现代化,真正为市场提供无污染、无公害的健康绿色农产品。农村地区职业教育的对象是青年男女及党员干部等,具体而言职业教育要积极打造农村教育网络,通过多元培训形式扩展农民知识体系,让农民掌握目前的先进技术及先进的管理经验,切实培养和增强农民的效益意识、市场意识等,力争将他们培养成会技术、懂市场、善营销的新型现代化农民,为农业发展、农民增收提供人才保障。

在开展科普教育活动时,要注重选用那些为农民所欢迎和喜爱的教育方式,并且可以借助现代媒体对科学知识和科技成果进行宣传推广。要积极开展各种教育活动及培训活动,促使先进的农业知识和技术进入农村地区的千家万户,真正用这些内容来提升农民科学素质,强化他们的健康和卫生意识,真正将农民的精神文明水平提升至新的高度。

应当明确的是,相关部门在实施农民素质教育活动时应尽量做到突出重点,分别对待。近年来,我国经济迅速发展,农业生产力水平提高至新的高度,这就促使农村劳动人口有了更多流动机会,农业劳动者在素质、结构等方面都出现了较大的变化;很多文化程度、技能水平较高的农村青年要么从事非农产业的工作,要么涌入城市寻求工作机会,这就导致农村多是妇女和老人从事农业生产活动。所以说培训活动要有针对性:对于已移至外地的农民,要着重从技能方面对他们进行培训,改善他们的就业状况,增加他们的劳动收入,避免他们倒流回农村;对于未转移的农村富余劳动力,要通过针对性的培训活动让他们有能力转移至非农产业;对于务农农民,则要组织农业各相关方面的教育及培训活动,如从生产、技术、经营等各方面提高他们的生产技术水平。

二、发展和完善农业高等教育

(一)走综合化发展之路

农业教育综合化是农业院校发展的必由之路,不管是采用外延式发展还是内涵式发展,都一定要走这条路。这是由我国向现代化过渡,跳出"三农"看"三农"、解决"三农"问题这个大背景决定的,也是由市场决定的。

我国的经济体制经过多年改革,已经逐渐超出个体农业经济的概念。随着我国农业向现代农业的过渡,现行的农业教育框架已经不能适应现代农业的发展。要适应这种变化,农业高校首先要认清自己必须走综合化发展道路,在综合性大学的框架下,引入新的农业管理和经营观念。传统的农业教育着眼于农业生产的中间部分,着重于什么时候播种、什么时候收获等技术性问题,对产前、产后的关注比较少,这样的教育内容已经跟不上形势。农业高等教育必须突破传统农业的框架,与新兴学科和技术相结合。

农业高等教育需要有综合性大学的背景,目前我国出现的一些农业院校并入综合性大学的现象正反映了这一趋势。在该发展趋势下,多学科整体优势得到了发挥,有利于复合型人才的培养,学科交叉融合有利于承担大的科研任务。同时,在综合化过程中,学生受到综合性的教育,素质明显提高,在市场上的竞争力也进一步增强。

(二)发展新兴学科

大学的学科设置如何适应现实社会发展要求是当前农业高等院校面临的重要问题。目前,我国高等农业院校学科设置变化的力度和范围显然还不能完全适应国内经济发展和全球经济发展的要求,传统农业学科水平需要根据现代农业发展的要求来提升,同时还要发展新学科。

现在的农业已经不是过去意义上简单的种小麦、养猪、养羊。如山东寿光、北京和上海郊区的农民,他们已经形成了一种现代商品农业的意识,他们所关注的不仅是生产,而是从生产、流通到走入市场、甚至世界市场的一套完整的市场化过程。如果农业高等教育还仅仅限于传授传统的种植业、养殖业知识,便会被社会所抛弃。因此高等农业院校在学科设置上必须十分注意在市场经济背景下,使学生适应新的生产形式和市场状况。农业教育要帮助农民解决生产什么、生产产品如何保证质量、生产出来的产品销往何处等问题,根本目的在于提高农业生产效益。农业生产要保证效益,不仅是技术问题,还是市场经营问题、管理问题,农业高校学科设置必须在传统农业学科中融入新的内容。所以,加强农业教育不是单一学科孤立的发展,而是在以农业学科为主的基础上,使作为农林学科基础和辅助的数理化、社会科学、经济学、管理学等都得到发展。

现代农业发展涉及许多新的领域,比如生物技术、信息技术、现代工程技术等。在农业院校专业教育中,必须注意把现代农业新的技术发展整合到教育计划中去,使学生了解现代农业的真实状况和技术的最新发展。在农业院校专业的更新、改造和完善方面,必须把各种现代技术与农业院校教育结合起来,使学生掌握现代技术。

(三)培养复合型人才

在社会主义市场经济体制和经济全球化背景下,我国农业高等院校培养怎样的人才才能更好地适应全球和国内经济尤其是农业经济的发展,给学生什么样的知识、能力可以使其更好地就业并为社会做出贡献,成为很多专家学者共同关注的问题。

当前就业市场的状况和就业情况的变化对农业院校在培养人才的要求、方向、方式等方面提出了新的要求。就业市场的激烈竞争要求农业院校培养的人才既要有自身特色,又要能够在就业市场上具有很强的竞争力。农业院校人才培养必须瞄准农业、农村社会经济发展最迫切的技术需求和社会需求,解决最重要、最紧迫的问题。

同时,农业院校需要培养更全面、更实用的人才。既要有具备较高的农业科学研究和技术开发能力的人才,又需要能够进行现代化农业经营、农业管理、促进农业产业化发展的人才,还需要能够进行农业技术推广、农民培训的人才。

农业高等教育中的人才培养要充分体现和发挥农业院校在现代农业科技创新体系中的作用,特别是在新知识的创造、传播、应用方面的作用。对农业专业技术人才的培养,一方面需要培养拔尖人才,研究高端问题,另一方面需要培养农业、农村、农民迫切需要的实用技术型人才,研究中国农村的实际问题,并努力促进研究成果的推广和应用。

另外,高校要注意对学生进行思想教育,促使农业专业人才愿意下基层、到农村为农民服务,通过观察、体验、实践,使他们对农业、农村、农民现状有全面、深刻的认识,培养他们对农民的感情,从而增强其责任感和使命感。

第三节　加大财政支农资金整合力度

财政支农资金的整合有利于推动现代化农业发展,能够消除当前财政支农体制的不足,并令现代农业支持保护体系得以进一步完善。目前,相关部门要充分认识到对财政支农资金进行整合的必要性,并对财政支农资金的整合路径、原则及指导思想加以明确,唯有如此,才能够顺利做好财政支农资金的整合工作,为现代农业发展起到助推作用。

一、财政支农资金整合的现实意义

(一)对现代农业生产发展起到推动作用

现代农业发展需要资金支持,目前我国农业现代化发展仍旧处于较低水平,资金投入不集中,所以财政支农资金对农业发展的推动作用无法完全发挥出来。对此,第一,相关部门要充分重视现代农业发展,要把现代农业发展当作建设社会主义新农村的重要任务。第二,要明确现代农业生产发展资金整合的重要意义,要充分认识到这项工作和财政支农改革创新成效之间的关系,并将它当作对财政支农工作水平进行衡量的一项重要标准。所以,要把思想统一到中央整合支农资金的政策上来,统一到做大做强优势特色农业产业的决策部署上来,务必要站在讲大局、讲效率的高度,切实增强责任感和使命感,将支持现代农业生产发展作为新时期财政支农工作的重点加以贯彻和落实,坚定信心,主动作为,抓紧抓好,抓出成效,做成品牌,推动财政支农资金整合工作再上新的台阶,更好地服务于现代农业生产的发展。第三,要明确财政支农资金整合在支农政策实施及获取成效方面所发挥的影响作用,资金整合工作为财政支农政策从资金方面提供了重要保障,并且成为推动现代农业发展的一项重要因素。根据部分地方财政支农资金整合试点实验可以知道,支农资金整合有效地提高了支农资金的效益和集中程度,同时也促使财政支农工作思路、体制机制、部门职能等朝着更加科学、合理的层面发展。整合资源支持现代农业发展,将更有利于优化配置财政资源,提高支农资金整体效益;有利于做大做强优势特色农业,夯实新农村建设的产业基础,促进农业主体功能区的优化布局;有利于跨越现行体制障碍,形成多渠汇流的支农格局,放大财政资金效应,扩大农业投入规模。不仅有力地支持了现代农业生产发展,做大做强优势特色农业产业,而且推进了地方公共财政体制的改革进程。

(二)促进现代农业财政支持体制现存问题的解决

当前我国财政支农体制仍旧存在着诸多不足之处,实施财政支农资金整合能够让这些问题得到一定程度的解决。财政支农体制现存问题阐述如下。

1.财政支农渠道多、项目杂、投入散,难以获取规模效益

目前,财政支农资金投放较为分散,且经手多个部门,层层下拨。用于不同渠道的资金其管理部门也并不相同,这就导致了多头审批、条块分割等问题,同时也可能会导致出现一个项目同时将资金申报上交至多个部门的现象。这些都不利于投入资金的集中,无法让多渠道资金形成合力共同发挥作用,并且在使用方向、建设内容、实施范围、项目安排等方面都或多或少地存在重复建设的问题。

2.支农资金管理分散,存在多头管理的问题

现阶段,我国直接分配和管理支农资金的中央部门有国家发展改革委、财政部、国家乡村振兴局、农业农村部、科技部、林业局、水利部等多个部委。这些部门又自上而下地设有管理和分配农业资金的机构,形成了纵横交错的资金分配管理机构。支农资金分属多个部门管理,各部门对资金使用的要求和规定又不同,由于缺乏统一规范的资金管理制度,致使政府各部门之间职责不清,相互之间缺乏有机协调,资金分配各自为政,支农资金的使用难以反映农民的意愿,出现生产与市场、生产与科研脱节,投入分散,形成不了合力,重复和交叉现象严重。现行支农资金多头管理的体制导致资金管理层次多、过程长、流速慢,容易造成支农资金的逐级漏损,时常出现同一个项目多个部门管理,加大了资金管理成本,增加了资金监管的难度,难以发挥财政支农的最大效用。

3.财政支农信息失真

目前财政支农资金在发放时，不同环节之间彼此分割开来，财政预算、审批、发放与使用单位之间缺乏必要联系，并且它们所获取到的信息存在着不对称现象，主要由审批部门负责对支农资金进行掌管。所以，在申报项目时，部分预算部门在工作中会对项目资金需求进行夸大，令审批部门无法独立地在支农资金发放方面做出决策，无法实现有效资金配置。预算部门在编制报表时也带有较为浓重的经验决策色彩，部门预算与部门事业发展目标之间缺乏直接的联系。这样容易造成申报部门与审批部门之间的信息不对称，容易产生逆向选择与道德风险，从而分散资金。此外，在中央财政农业基建投资中，往往是水利投入最多，林业和生态建设投入次之，农业投入份额最小。

4.财政支农资金拨付环节交易成本非常高，资金难以到位

支农资金普遍存在未及时拨付、挤占、挪用现象，一些县级财政存在隐性赤字与财政资金调度困难，农业主管部门在不同程度上存在着资金未及时足额拨付的现象。还有一些农业主管部门和乡镇不同程度地存在着挤占和挪用专项资金的情况，特别是乡镇政府挤占水利专款较为严重，这就出现了财政支出虽然在总量上高于财政经常性收入增长速度，但真正用于现代农业生产的支出增长缓慢。种种现象使财政支农资金投入分散，资金使用难以形成规模效益，在一定程度上制约了政府对现代农业的投向指导作用，不利于加快现代农业发展的政策贯彻执行。

5.监管不到位或力度不够

目前的财政支农工作主要是分资金、下指标。由于对资金的监督检查受部门分割的影响，因此对资金的使用监督和效益考核办法不够完善，不能够做到全程跟踪问效，监督部门职权不明，审计职能交叉重叠，对支农项目违规操作、弄虚作假等审计死角监管乏力。总之，跟踪监督和绩效评估没有实现制度化、科学化，项目实施效果较差，严重影响了建设项目的投资效果，挫伤了农民发展生产、建设新农村的积极性。因此，要提高财政支农资金的使用效益，就必须探索整合目前不同渠道管理的涉农投入，发挥现有财政资金对农业、农民和农村的支持作用和集聚效应。

上述问题的存在，对现代农业发展的推动力量有限。因此，按照"存量优化、增量集中、预算内外统筹、跨部门整合"的要求，对现有支农专项资金进行整合，不仅有利于实现提高财政投入、提高资金使用效益、提高社会筹资能力三大目标，而且也是一种解决现代农业财政支持体制存在诸多严重

问题的必然选择。

（三）提高现代农业财政资金的使用效益

财政支农资金投入分散会给使用效益的整体发挥造成突出的负面影响，这是毋庸置疑的。对财政支农资金进行整合，除了能实现财政资金的合理配置，推动农业现代建设发展，还能够令财政资金使用效益得到大幅提升。

第一，资金整合在财政支农资金使用管理方面是一个重要举措，它有利于管理水平的提升和农业财政工作体制的改革，其目的在于将农业建设中各种处于分散状态的资金统一起来进行管理，从而争取得到最佳的支持效果。从当前情况来说，支农资金使用管理并不集中，不同行业、不同部门的拨款力度也存在着较大的差异，这就使得财政资金使用的政策效益、整体效益等的发挥大打折扣。这种状况不仅无法给予那些有需要的项目有效支持，还会令部分财政资源被无端浪费，甚至会出现项目重复建设等问题。对支农资金进行整合，能够让原本处于分散状态的资金集中起来，形成合力，共同对农业建设中那些对财政资源有着迫切需求的重点项目或者领域进行支持，推动他们实现顺利发展。

第二，财政支农资金整合能够发挥引导作用和激励作用。在财政资金不足的情况之下，如何对国家及社会所提供的支农投资进行利用就成为相当重要的工作。财政支农资金整合往往会给农民自有资金、基层组织等方面带来重要的影响，并且这些影响多是正面的，具有激励、引导等功能。另外，财政支农资金整合的最终成效也会给农业生产发展资金的政策效应产生直接影响，并且也关乎能否顺利获得上级财政部门的财政支持。

第三，财政资金整合是适应公共财政发展，确保财政支农资金规范、安全、有效使用的客观要求。通过资金整合，逐步规范政府农业资金投向，使政府从市场机制能够发挥调节作用的领域退出，合理有效地配置公共财政资金，发挥公共财政资金的"四两拨千斤"的作用，促进农村公共财政的建立。

第四，整合财政支农资金对资金监管工作也起到一定的促进作用。能够令支农资金得到充分的利用，而不被无端浪费，同时也能够让现代农业资金运行变得更加安全和规范。

第五，整合财政支农资金能够令我国农村地区公共产品供给筹资困难的问题得以缓解。整合财政支农资金能够令资金整体效益得到大幅的提升，同时它也为农村地区的公共产品供给提供了一种新型、有效的资金筹集方法。

（四）令现代农业支持保护体系变得更加完善

从总体上看，目前中国农业支持保护方面还存在几个突出问题：一是农业国内支持总量较低。二是支持保护政策相对单一。尽管近几年来中国已出台粮农直补、农资直补、良种补贴、农机补贴、粮食最低收购价、贸易促进等支持政策，但农业保险、出口信贷、技术壁垒等国际惯用支持保护政策体系才刚刚起步。三是支持保护机制不完善。当前我国还没有形成农业支持投入稳定增长机制，不仅农业支持保护的投入增长缓慢，仅有的资金也分散在众多部门，管理效率低下，严重影响了农业支持保护的政策效果。

目前，完善我国农业支持保护体系仍旧有很长的路要走，其中一项重要工作就是对支农资金加以整合，进一步加大农业方面的财政投入。支农资金整合主要能够发挥以下作用：第一，将财政资源等集中起来发挥更大的作用。整合当前的所有财力资源，并将它们投放在农业发展重要环节之中，能够令资金供求矛盾得到有效的缓解。第二，充分发挥政府作用，推动政府职能转变。受体制、历史等因素的影响，我国农业资金管理在较长一段时间内处于分散状态，这无疑不利于资金整合起来形成合力，这就使得政府职能出现"越位""缺位"现象。第三，有利于提高政府对农业的支持和保护程度。在全球化进程逐渐深入的今天，市场竞争变得愈加激烈，因此需要政府给予更多的保护和支持。农业资金由多部门共同管理，使用不集中，这些都不利于政府对农业进行更好地支持和保护。对财政支农资金进行整合，对农业支持和保护的方式加以规范，十分有利于将政府的支持作用充分发挥出来。综合而言，迫切需要整合财政支农资金，统筹安排来自各种渠道的支农资金，突出重点，集中使用，形成支农资金合力，提高支农资金使用效益，更好地促进"三农"问题的有效解决。

（五）符合国家宏观调控的需要

这是因为：第一，推进支农资金整合，是农业财政工作实现科学发展的内在要求。农业财政工作必须把农村纳入公共财政的范围，以强有力的财政杠杆，推动"三农"发展不断迈上新台阶；必须以统筹的思路、和谐的理念协调各方利益，以整合的方法把各渠道、各层次、各方面的支农资金统一起来，形成"乘数"效应，突破发展瓶颈，发挥资金的最大效益。当前，财政支农政策既是宏观调控体系的重要组成部分，也是宏观调控措施得以实施的手段，是国家支持农业和农村经济发展的重要措施。第二，财政支农资金使用效益具有全局性。财政支农不单纯是一个农业和农村经济问题，而是关系到整个国民经济健康发展的全局性问题。检验一个地方财政部门的支农工作好坏，就要看它是否发挥了政府的财政宏观调控职能。第三，财政支农资金的使用效益具有联动性。把各种渠道和各部门支农资金适当集中起来，有利于围绕现代农业发展主题，集中力量，支持重点，发挥财政资金的导向作用。第四，财政支农资金的使用效益具有共享性。财政支农资金的有效整合有利于促进各项财政支农政策和手段的有机统一，有利于转变和履行政府职能，加强对现代农业的支持和保护，更好地提高政府的管理水平和工作效率，促进政府职能的转变。

二、财政支农资金整合的途径

（一）财政支农资金整合的指导思想与基本原则

1. 推进财政支农资金整合的指导思想

坚持以社会主义核心价值观为指导，以发展现代农业为契机，以切实提高支农资金使用整体效益为目的，以扶持壮大优势主导产业、发挥区域资源优势为重点，以农业农村发展规划和重点领域、重点项目导向目录为依据，以通过规划整合、资源整合引导专项资金整合为整体思路，为全面提高资金整合的质量和效益，在认真总结试点经验的基础上，继续扩大整合规模和范围，积极创新整合方式，探索有利于财政支农资金整合的体制性、机制性和制度性措施，逐步建立起中央、省、市、县四级联动，财政与有关部门、金融机构、项目单位协调配合的支农资金使用管理模式，逐步形成支农资金投向科学、结构合理、管理规范、运转高效的使用管理机制，进一步提高现代农业综合生产能力和发展能力。

2. 财政支农资金整合发展现代农业的基本原则

（1）创新探索，稳步落实

财政支农资金整合是与利益格局调整密切相关的新工作，因为过往没有相关的工作经验，因此要建立试点对该工作展开探索。首先，要有顺序、有步骤地开展资金整合试点工作，做好初期的开局工作，等积累到足够的成功经验后，再将整合范围扩大，稳扎稳打地落实好支农资金整合工作，在稳步发展的基础上逐渐深入。其次，要促进上下联动，在做好县级资金整合工作的同时，要加强中央、省级的支农资金整合力度，让县级整合工作开展得更加顺利。最后，在巩固和总结现有成果的同时，倡导各个县经济进行自主整合，令资金整合渠道变得更加宽阔，从而能够接纳更多投入资金，通过整合将资金集聚效益最大限度地发挥出来。

(2)因地制宜,突出重点

各地要以自身实际情况为依据选取最适宜、最有效的整合方式,切忌让各地不分情况地统一使用同样的整合模式、整合步骤。应当明确的是,各地最终所采用的整合方式都要和现实情况相符合,要根据本地实际的发展规划和支农项目建设情况对资金进行整合,真正让资金来促进各项工作中瓶颈问题的解决,发挥资金的实效作用。特别是要根据农业发展当前情况确定出一批有带动性的项目和区域,对这些方面加大财政投入,让这些项目真正建设发展起来,产生看得见的效果。在实施过程中,要以农业农村发展规划为依据明确不同时期的财政支持重点,让支农资金整合工作具有明确的方向性,让资金安排具有突出的合理性。同时,要根据项目建设和农业发展目标,区分轻重缓急,对上级下拨支农资金和本级财政支农资金的分配使用统筹考虑,整合资金优先投向事关区域经济社会事业发展的主导产业和支点项目上。此外,对于各类不同用途的支农资金,也要选择关键环节进行集中支持。例如,农业产业基地建设资金应重点围绕生产基地和出口基地建设,集中支持主要品种的提质增效和标准化生产;农业产业化贴息与补助资金应围绕乳品、肉类、粮油、果蔬加工业,重点对成长型龙头企业扩大生产能力投资进行贴息,对标志性、高科技的大项目引进建设、产业集群和农产品加工示范县建设进行以奖代补;农业综合开发产业化资金主要通过参股、有偿使用和贴息等方式,对龙头企业进行扶持;扶贫贷款贴息资金用于扶贫开发重点县成长型龙头企业扩大生产能力的投资贷款贴息。

(3)分工清晰,协同合作

财政支农资金整合工作应当有一个主管牵头部门,及财政部门,其他相关部门则要对财政部门的工作予以配合。与农业相关的各部门的职责、分工等都要十分明晰,并遵循"渠道不乱、用途不变、优势互补、各记其功、形成合力"的原则,力争让各部门形成彼此协调配合、良性互动的工作机制。另外,要将财权、事权这两方面统一起来,对各级别政府职责进行清晰界定,引领各地方政府加大财政资金投入,并且做好职责范围内的资金管理和使用工作。

(4)创新机制,强化监管

要立足改革创新,通过推进政府职能转变,创新财政支农工作机制,努力建立科学有效的财政支农资金管理体系。要坚持公共财政原则,区分市场性和公共性,充分发挥市场机制的基础作用,财政着力支持公益性、公共性、基础性等产业发展环节,引导各部门、社会各方面对农业产业化的资金投入。新的形势需要财政按照建立社会主义市场经济的要求来运作:一方面,要改变过去那种在传统计划经济体制下形成的包揽面过大,支出体系几乎覆盖到整个社会生产消费领域的状况,一些本应由市场解决的问题被纳入财政分配范畴的"越位"问题;另一方面,从资源配置角度来讲,财政资金要逐步退出应由市场配置资源的经营性和竞争性领域,转到市场机制不能或不适于提供的社会公共需要方面来,逐步提高财政中农业保险、文化教育、科技农业、农村医疗、公共设施和环境保障等公共需要方面的保障能力。在调节资金分配方面,要弥补市场分配虽符合效率原则,但缺乏公平的不足,财政要在加强收入分配的调节、防止收入差距过分扩大方面发挥作用。总之,优化财政支出结构要围绕"市场调节失灵"的特点来进行,按照完善公共财政体制和市场经济体制的要求,创新体制机制,加强监督管理,通过政府引导,吸纳社会投入,逐步建立多层次、多渠道的现代农业投入体系。由于财政支农资金整合涉及部门多、资金量大,因此要采取有力措施,切实强化对项目工程的事前、事中、事后监管,建立健全财政支农专项资金的绩效评价体系,确保资金使用和运行的安全、有效。

(二)财政支农资金的整合措施与实现途径

1.财政支农资金的整合措施

从我国目前公共财政支农资金的支出现状来看,可以从以下五个方面进行资金整合:

(1)财政支农资金类别的整合

根据财政支农目标和重点,要逐步改变过去财政支农资金渠道多、分类不合理的状况,按照建立市场经济体制和公共财政体制框架的要求,适当归并设置支农资金,突出财政支农资金的公共性。可以考虑将财政支农资金整合为六大类:

改善农业基本生产条件类资金。指主要用于支持农业生产、改善农业生产条件、促进农业现代化建设的资金。目前可以归并为此类的资金有:农林水等领域的基本建设投资、支持农业生产类资金、农业综合开发资金、水利建设基金、农业科研推广资金、良种补贴资金、粮食直接补贴资金等。

抗灾救灾类资金。指主要用于农业防灾减灾、病虫害防治和农村灾歉救助的资金。目前可以归并此类资金的有特大防汛抗旱资金、农作物和森林病虫害防治资金、动植物疫情防治资金、灾歉减免补助资金、农村救济费等。

生态环境建设类资金。指用于农村水土林草等生态资源的建设保护和开发利用方面的资金。包括农村水土保持补助费、退耕还林资金、天然林保护资金、防沙治沙资金等。

结构调整类资金。指促进农业结构调整、农产品精深加工和农村劳动力转移就业资金。目前可以归并此类的资金有农业产业化资金、农民培训资金等。

管理服务类资金。指主要用于对农业农村发展进行组织管理和提供公共服务的资金,包括农林水气等部门的行政事业费等。

农村发展类资金。指主要用于支持农村公益设施建设和农村社会事业发展方面的资金,目前可以归并此类的资金有支援不发达地区资金、农村公共基础设施建设资金、农村教育资金、医疗卫生和文化方面的支出、农村税费改革转移支付等。

(2)财政支农资金来源渠道的整合

财政支农资金的来源是各级政府财政部门,而其来源渠道则是各级政府对农业项目的帮扶和投资。所以,要积极搭建起财政支农资金管理的新型框架,即"财政支农资金所有权归政府,管理权归财政,使用权归项目单位",这同时也是资金整合的主旨和关键所在。当前,农业财政资金不管是在管理方面还是在使用方面都极为分散,因此各级政府要科学、合理地对不同渠道的资金进行深度整合,将资金集中起来进行统一安排,最大限度地将资金的作用发挥出来。整合资金来源渠道要做好下列工作:第一,从体制角度来说,要让财政部门有独立履行职能的空间,采取向下的资金管理模式,让部门按照新模式运行。

第二,在资金管理方面将不同项目资金分类,实施归口管理,避免出现同一项目资金多部门共同管理的现象。同时进一步积极扩大支农资金整合范围,各部门管理分配的支农项目资金,包括农口部门预算中用于项目的支出,凡性质相同、用途相近的,都应纳入支农资金整合范围,统筹安排,集中使用。比如,可以考虑把分散在农业、畜牧、林业、水产等部门的单项病虫害防治资金,集中整合为动植物病虫害综合防治资金,打破部门和行业界限,按照轻重缓急原则,优先保证危害程度大、影响面广的重大动植物病虫害防治需要。

第三,要逐渐从整合财政支农资金向整合金融支农资金转变。财政支农资金和金融支农资金是两个不同的概念,前者指的是国家财政划拨出来的用于农村、农业发展的资金,而后者则指的是除财政支农资金之外其他所有用于农村、农业发展的资金,这些资金的来源渠道更加多元化。仅仅对财政支农资金进行整合往往需要较高成本,并且有着较大的难度,不符合经济原则,即便从表面看起来整合较为成功,但所获得的收益甚至还不如付出的成本高,与预期效果相差甚远。因为整合财政支农资金无法令财政支农方面的问题得以解决,例如支农部门监管成本高、监督困难等。若是财政支农资金整合完毕后不完善相应的管理工作,那么必然会使得资金出现浪费现象,无法将资金作用落到实处,所以,要做好财政支农资金和金融支农资金这两方面的整合工作,确保让二者的优势作用充分发挥出来,彼此互补,促进两方面实现共赢。

(3)财政支农资金投入方式的整合

财政支农资金投入既繁多又杂乱,影响了资金的使用效益。因此,财政支农资金整合客观上要求各级政府对财政支农资金投入方式进行整合,主要有两种形式:一是以县级为主体,制定支农资金整合方案,将上级下达和本级安排的支农资金进行整合,集中用于农业立县产业和重点项目;二是以省、市为主体,将中央、省、市安排的相关支农资金"打捆"下达,按照规定用途集中用于农业主导产业和各项建设。

(4)财政支农资金管理方式的整合

财政支农资金建立后采用的是同一种管理模式,即农业相关部门管理项目、财政部门管理资金。各农业相关部门对项目的规划、编制、实施、资金安排、组织验收等方面的工作负责,而财政部门的主要职责就是对资金使用情况进行严格的监督。这种管理模式使得财政支农资金的使用长期以来处于分散状态,资金的使用效率始终得不到有效提升。所以,目前的一项重要任务就是革新部门管理方式,提高资金使用效率。详细来说,政府农业投资要以项目为载体,规范项目管理模式,包括项目的立项、选择、实施、竣工、后续管理等资金运行全过程管理的规范化,做到"五统一",即统一申报立项、统一下达计划、统一组织实施、统一监督管理、统一绩效考核;建立科学的项目决策程序和公开、公平、公正的农业项目评审机制;建立工程项目管护机制,坚持项目建设与管理并重,加强对已建工程项目所形成资产的管理,落实管护责任;创新资金拨付方式,按照"项目确定,拨款支付、检查审计"三分立和国库集中支付原则,实行直接集中支付,对基层项目应由省直接到县,减少划拨中间环节,对上级下拨的财政支农资金,由县政府直接划拨到项目单位,同时要完善监督机制,实行责任追究制、绩效评价制、工程监理制和监督跟踪制、监督抽查制,在资金监管中,充分利用人大、政协、纪检、监察、审计等部门的力量,加强对支农项目及资金的监督检查,确保资金安全有效使用。改变以往相关部门多头管理、各自为政的局面。

(5)财政支农资金投向以及绩效评价的整合

财政支农资金投向整合具体指的是把有着不同来源的资金整合起来,集中投入到相同的目标上。具体而言这种投向整合有以下两种形式:第一,将同一地域内的多支资金整合起来。为了顺利实现多支资金的整合,产生预期的规模优势和集聚效应,就要尽量选择那些相连的项目区。第二,将资金集中起来应用在主导产业发展方面。各个地区要明确自身要发展的主导产业,并明确主导产业的发展思路、发展方案,之后依照这些思路和方案进行资金的筹集,将各渠道的分散资金整合起来,共同为主导产业发展助力。

在以往较长一段时间内,我国财政支农资金都存在一个错误的偏向:十分重视支农资金申请工作,却忽视了资金管理工作。这就使得资金在使用过程中不受计划的限制和约束,地方资金到位后,部分政府为了谋取利益而肆意更改资金用途,或者进行其他违规操作等,这些问题都使得地方无法获得预期的财政支农效益。为了避免此类现象的发生,相关部门要积极建立财政支农资金使用绩效评价机制,对资金使用结果进行科学的评价和衡量,一旦发现违规违法及其他不合理使用资金的行为要及时追责,保证支农资金能够始终高效运行。

2.财政支农资金整合的实现途径

(1)增强整合意识,完善相关整合工作

首先,要增强整合意识。第一,领导机构要树立鲜明的整合意识。财政支农资金整合是对原本资金管理体制的改革,是对公共财政资源的全新合理配置,它牵扯到很多部门的利益,因此推行过程中面临着重重阻力。整合的支农项目资金来自不同级别的部门,要想实现资金的顺利整合,就要做好对各级政府的统筹工作。因此,领导机构本身要有较强的整合意识,并从总体上统筹和引领整合工作。第二,各部门也要树立鲜明的整合意识。很多部门为了获得更多利益,往往不十分配合财政支农资金整合工作,仅注重眼前自身利益的获取,而不具备大局观念。举例来说,有些部门对资金整合持反对态度,并且给出一个不恰当的理由——"专款不专用";一些部门在整合工作中仍旧想要争权夺利,从而阻碍了整合工作的顺利进行。为了避免上述情况出现,各级主管部门要切实树立大局观,认识到财政支农资金整合工作的重要性和关键作用。财政部门也要把正确认识财政支农资金整合工作视为改革创新财政支农方式的一项重要工作,在予以宣传推广的同时也要在这方面展开深入的探研。第三,群众也要树立鲜明的整合意识。农村地区是实施财政支农资金整合项目的具体地点,农民的参与和支持对整合工作而言极为重要。因为很多项目实施地区的农民对整合的运作模式了解得不够深入和透彻,所以他们往往会片面地认为整合工程是政府的工作,与自己毫无干系;而那些非实施地的农民看到政府取走了本村资金整合到其他的农村地区,感到自己受到了不公平对待,所以对资金整合工作往往十分抵触和反对。所以,相关部门要做好财政支农工作方面的宣传报道,借助媒体的力量增强宣传效果,让更多农民认识到资金整合的好处和优势——推动农业增长方式变革、帮助农民增收等,让基层干部群众真正从内心支持财政支农资金整合工作。

其次,要加强整合的组织领导。财政支农资金整合是一个系统工程,涉及部门多,必须要有一个高规格的协调工作机构,对财政支农资金整合实行行政一把手负责制,建立党政领导挂帅、农口部门参加的协调领导小组,研究制定农业发展规划,统一安排资金,实行分工负责,相互配合,各得其所。协调领导小组的主要任务和职责是协调和解决支农资金整合工作出现中的困难和问题,为支农资金的整合提供强有力的保障。

最后,要上下联动,明确整合职责。财政支农资金整合,需要中央、省、市、县等进一步明确各自的职责,上下联动,树立"一盘棋"思想。中央财政要积极为财政支农资金整合营造有利的条件和环境。在政策制定上,要逐步做到符合促进农业发展、农民增收、农村进步的总体要求,有利于资金的统筹安排。在资金分配上,今后安排的财政支农地方专款,具备条件的,一般只下达资金控制指标,由地方根据规划统筹安排使用。对于列入部门预算用于地方的项目支出,要与主管部门协商,将其与地方专款归并统筹使用,条件成熟时,可转为中央对地方的专款。对具有预算分配职能的综合部门,中央财政要主动协调,明确各自的投入重点和支出范围,积极推进中央部门的资金整合。另外,省级财政部门要切实加强对财政支农资金整合的组织和指导。一要及时制定财政支农资金整合的具体实施方案,要按照整合财政支农资金的基本要求,推进财政支农资金整合工作,切忌观望、等待。二要加强对县级财政支农资金整合工作的指导。在政策制定、制度设计、资金安排、监督管理等方面为县级财政支农资金整合创造必要条件,与县级政府和财政部门进一步细化实施方案,加快财政支农资金整合工作进程。对财政支农资金整合中出现的问题,要加强调查研究,研究解决措施,及时进行信息交流和沟通。三是县级人民政府要加强对财政支农资金整合工作的领导和协调。要切实担负起整合资金的责任,加强对财政支农资金整合工作的领导和支持,统筹安排财政支农资金的使用,协调部门之间的关系,帮助解决工作中的困难和问题,为资金整合工作提供必要的财力支持和组织保障。四是县级财政部门要充分发挥财政支农资金整合的协调作用。作为财政支农资金管理的职能部门,县级财政部门要充分发挥协调作用。积极争取当地政府对财政支农资金整合工作的支持和指导,配合有关部门研究确定本县农业农村发展重点。根据发展重点和本地实际,研究提出财政支农资金投入的重点区域和项目,积极做好政府的决策参谋。要主动与涉农等有关部门进行沟通协调,资金的使用管理要与有关部门协商,要打破部门利益观念,共同推进财政支农资金整合工作。

(2)以项目规划为导向,打造整合支农资金的平台

财政支农资金整合要始终遵从项目规划的主导,从实际情况出发明确本地适宜发展的主导产业,并制定出详细的产业发展计划;按照规定制定出详细的资金整合方案,将支农资金配置的具体数额和方向明确出来,并依照规定对资金进行申报;在明确各部门职责的基础上实现部门职能优势的配合,对这些部门的支农资金进行统一调配安排。不同的项目在投资渠道上也存在差别,对此相关部门要将地域相邻或者行业相关的项目统一起来,以项目计划为依据对它们所得资金进行科学安排。另外,很多项目和农民切身利益有着紧密关联,例如人畜饮水、小型农田水利等,对于这些项目村组可以进行统筹规划,让那些有意愿的农民参与进来,真正让农民感受到项目所带来的好处,让农民以更加积极的心态对待支农项目,并且要始终做到资金和项目这两方面的统一。财政支农资金的整合有一个不可缺少的前提条件,即财政支农资金的合理分配。在此基础上根据本县农业发展重点和公共财政职能要求,坚持长远规划与当前发展相结合,重点项目与一般扶持相结合,合理地确定年度支农资金项目计划,为财政支农资金整合提供保证。实行项目与资金统一管理,资金跟着项目走,项目按照计划建。这就要求财

政与项目主管部门必须加强协调配合,共同抓好项目实施,按照计划批复投放资金,按照计划内容组织项目建设,按照建设进度及时拨付资金,保证整合项目建设任务顺利完成。

资金整合的含义并非简单地把不同渠道的资金汇集起来,它具体指的是借助整合工作确定出最佳资金投向,让资金的使用效益最大限度地发挥出来。较为适宜的办法是建设起各个级别的整合平台:一是,建设中央级别的整合平台。中央财政也需要做好资金整合工作,通过各地实践情况可以知道,统一政策有利于更好地提升支农资金整合活动的有效性,因此相关部门要制定统一的政策、科学的分类、规范的管理程序,保证支农资金重点投向、范围清晰、管理科学、制度严密、使用有效和监管得力。对支农资金科学分类,明确指导原则,建立全国统一支农资金运行各个环节的监督程序、资金管理各项规章制度及项目立项管理、招投标制、公告制、专家评审制、项目绩效评价、项目监督检查等制度,减少支农专项、加大一般性支农转移支付数额,从宏观政策上整合。二是在省级财政打造资金整合平台。打造支农资金整合平台在省级财政部门具有可操作性。省级财政可根据中央财政各项支农政策及中央财政给予省的资金,将中央财政安排的支农支出和省级安排的支农支出统筹考虑,考量县域经济特点及对县级上报的项目情况及县级财政部门安排支农支出情况,按照发展农业产业化和农村基础设施、农田水利设施、农业科技推广项目及解决农业农村发展瓶颈问题将支农资金"打捆"下达给县,合理有效配置公共财政资源,提高支农资金的整体合力,发挥支农资金使用效益。三是在县级打造项目整合平台。支农资金分散使用表现在县级小项目多,项目之间不协调、不配套,究其根本原因是县级没有建立项目整合平台,没有统一按照县域经济发展规划和结合县乡村发展实际来申报项目。整合支农资金的关键是建立项目整合平台,由县发改委和涉农各主管部门进行项目整合,针对部门和行业特点,结合县乡产业发展重点,结合新农村建设规划逐乡逐村确定项目,形成条块协调、突出资源特点、产业化链条优化、解决乡村最实际问题的项目,为支农资金的整合提供渠道和整合的平台。

3.优化资金整合方式,提高财政支农资金投向的合理性

整合财政支农资金的工作十分复杂且艰巨,具有突出的系统性。为了让财政支农投资具有更加合理的投向,可从以下角度入手对资金整合方式加以完善:

第一,不再沿用传统的资金"后整合"方式,将"前整合"与"后整合"有机耦合起来。目前相关工作人员在整合财政支农资金的时候仍旧使用的是传统的单一思路,在项目资金完全下达之后再对不同项目的资金加以整合,这就是所谓的资金"后整合"。为了提高资金使用效率,充分发挥资金功能,相关部门应当变革资金整合方式,真正做到从源头上开始整合项目资金。具体而言,应秉持"资金渠道不变、审批权限不变、使用渠道不变、管理职责不变"的原则,将项目申报、资金拨付、监督管理等各个环节整合在一个管理系统内部,在省级主管部门的监管下,县级政府可以探讨由财政部门牵头,联合项目申报单位,以共同使用的资金为纽带,进行财政支农资金整合。举例来说,财政部门起到总体引领作用,资金使用部门的主要职责是项目规划,发展改革部门则对项目资金总量加以把握。有关单位获得审批权之后,可召开联席会议,科学、合理地把资金分配给各个项目。项目实施单位在资金下达后着手准备实施工作,对项目施工情况负责,发展改革部门备案,财政部门按照资金下达金额给项目拨款。将"前整合"与"后整合"有机耦合起来,能够提升财政支农资金投向的合理性,确保资金在项目建设方面所发挥的效用不被缩减。

第二,在资金整合时不再"以县为主",而是力争在"以县为主"的基础上实现各级联动。在财政支农资金整合方面,可以把县级政府当作根本的战略支点,省级政府和市级政府主要发挥宏观调控作用,县级政府发挥其项目信息掌握的优势,以求让支农资金的配置效率得到有效的提升。

第三,通过比较优势来确定财政支农项目优先顺序。毫无疑问,不同地区在要素价格、资源等方面存在着明显差异,所以不同地区有着不同的比较优势,据此可以知道,在整合财政支农资金时,不同地区的优先顺序、重点领域、整合模式、整合平台都存在着区别。在对财政支农资金进行整合时,要在深入考察各地区的基础上,明确出其重点产业、重点项目,并以此为依据,明确各地区农业产业化项目的优先顺序,促使农业产业结构进一步优化。具体而言,每县能够从自身情况出发确定一个或两个主导产业,在此基础上做到集中投入,让投入的资金在项目建设上见出明显成效。

第四,不再沿用"独角戏"整合方式,采用"参与式"的资金使用模式,增强农民在资金整合方面的参与性,让农民有更多的渠道表达自己的意见。长期以来,政府在财政资金的管理及使用方面都居于主导地位,并且没有将民众的监督作用充分地发挥出来。在财政资金方面,农民无疑是最终的受益方,但是长期以来他们在支农资金使用方面并不具备充分的话语权,无法充分将自己的看法和意见表达出来。另外,农民对财政支农资金的监督机制并未完善地构建起来,故而农民的监督功能也无法得到充分发挥,对此,相关部门应当组织成立农村经济组织或者是行业协会,让这些组织代表农民群体做好监督工作。各级别政府也要自觉强化对彼此的监督,并将项目资金使用情况进行公示,方便公众监督。

4.创新资金整合机制,令资金使用效益得到提升

第一,对相关政策措施加以调整,让整合拥有更加灵活、自由的外部条件。在较长一段时间以来,上级部门对项目资金整合的各个方面都制定了十分明确的政策,这就使得项目资金管理等方面只能够实行"一刀切",各地方无法从具体需要出发进行适当的调整,这无疑也给地方整合资金造成了一定的阻碍。所以,各地在对相关政策进行制定时,要将各地的实际情况考虑在内,在确保不损害政策措施明确性、规范性、原则性的前提下,为各地提供灵活决策的空间,让各地能够更顺利地落实资金整合工作。

第二,对管理程序加以调整,令资金整合需要得到更好的满足。资金管理程序是单一的运行规程,但在对资金进行整合之后,管理程序变得更加复杂,能否对管理程序进行科学调整,在很大程度上影响着资金整合的最终效果。各级财政部门应当依照资金分配规范、使用范围明晰、管理监督严格、职责效能统一的要求,革新当前的财政支农资金使用管理体制,对资金的使用、分配、管理等办法进行重新修订,确保不同的管理制度之间有较好的衔接,同时又要避免不同制度之间出现重复、矛盾问题,真正从制度层面给财政支农资金整合工作提供重要保障。农口部门在对项目、资金等进行安排时,要积极沟通信息,协同合作,以防彼此之间的工作存在重复或者是断开的问题。要探索建立各主管部门的沟通协调机制,研究确定重点项目及资金整合。通过整合,使财政支农的项目与资金管理机制得以创新,使县级有关部门根据发展规划和重点,按照"相对集中建设项目、集中建设地点、集中资金投入"的要求,统一申报项目和资金,统一协调项目建设,统一管理项目资金运行,统一组织项目竣工验收,克服财政支农资金项目安排多头重复、无序低效的问题。

第三,完善主管部门沟通协调机制,打造"统筹管理,统分结合"的财政支农资金整合机制。这里的"统"指的是在工作方面要做到统一协调,在规划方面要做到统一制订,在资金方面要做到统一安排,在管理方面要做到统一规范,在评价方面要做到统一标准;"分"指的是分清部门职能,分口申报项目,分类管理资金,分清工作职责,分担管理责任。换言之,就是在工作统一协调的前提下分清部门职能,在统一规划指导的前提下分口申报项目,在统筹安排资金的前提下分类管理资金,在统一规范管理的前提下分清工作职责,在统一绩效评价标准的前提下分担管理责任,以形成各相关部门和单位工作任务和职能明确、统一协调的分工负责制,以确保整合工作的顺利进行。

5.完善财政支农资金管理机制,做好财政支农资金长效管理工作

支农资金在经过整合后其数额增加,集中度更高。在新农村建设的具体过程中,对财政支农资金的管理和使用是一项无法忽视的关键问题,若是资金管理工作存在不足,那么资金整合工作就会受到极大的阻碍,令资金无法用到实处。所以,在整合资金的同时也要做好相应的监管工作,确保整合之后支农资金的管理和使用情况能够受到有效的监管。相关部门要通过一定的举措对资金运作管理情况加以规范,构建起较为科学、完善的资金管理机制。一方面,最大限度地公开财政支农资金的使用情况,让农民了解相关信息,赋予农民充分的参与权、监督权等;另一方面,构建完善的追踪问效制度,对资金的拨付、使用情况进行严格的审查,确保支农资金真正应用到其扶持的项目之中。具体而言,相关部门要做好如下工作:

第一,做好政务公开工作。对支农项目立项制度加以完善,制作标准的申报文本并加以推行使用,落实项目公示制,优化和完善项目决策程序,建立科学、公平的农业项目评审机制,对立项的程序和条件等做出严格的规定。通过招标的方式确定项目实施单位及项目建设需要的物资,让支农资金的使用效益得到有效的提升。

第二,严格落实管理工作。各主管部门要严格履行项目管理职能,项目的立项、选择、实施、竣工、后续管理等整个资金运行过程,都要按照规范的项目法人制、招投标制、工程监理制、合同管理制来运作,实现财政支农资金管理的制度化、程序化、规范化,提高资金使用透明度,降低支出成本,使每个项目都成为高标准的惠农工程。

第三,严格落实监督工作。要严格控制资金流程,充分发挥监管职能,做好事前、事中、事后的监督检查,在加强财政日常监督检查的同时,采取不定期抽查,专项检查,与审计、纪检、检察等部门联合检查以及委托执法检查等多种方法加强对财政支农资金的监管,保证有限的财政支农资金通过整合发挥出更大的支农效益。

第四,做好绩效考核工作。通过绩效考核能够较为准确地看出财政支农资金在项目中的使用效益,因此,做好绩效考核工作,有利于抓好全程管理工作。相关部门要设置并完善绩效评价机制,对项目进展情况、资金使用情况、目标达成情况等诸多方面进行严格、细致的考核,通过考核结果查看资金在设置、分配及使用等方面的具体情况,强化项目资金跟踪问效、建立档案、细化管理,并将绩效考评结果作为以后年度编制和安排预算的重要参考依据。从所实施项目的现实情况出发,推出绩效评价的具体机制和方式,主要对项目实施的社会效益、经济效益、生态效益等进行评价和考核,力求通过考核推动项目综合效益的提升,同时也令财政支农资金的使用及管理变得更加高效和安全。

第四节　强化财政支农资金的监管

一、我国财政支农资金管理与监督现存问题

(一)财政支农资金管理体制有待完善

目前,我国在农业资金方面尚未实行统一管理,专项农业资金的管理者往往是各主管政府部门。性质相同的支农资金通常会分散拨给各个部门,这些部门再把资金拨给各省所属系统的厅、局、办,换言之,目前在支农资金方面采取的是逐级分配格局。举例来说,在中低产田改造方面,就有国家发改委、农业农村部、自然资源部、水利部、农业综合开发办等部门安排多项资金。因为资金是由不同部门划拨的,所以不同来源的资金其管理方式也存在着差别,这就使得财政支农资金在管理方面较为分散。即便是性质相同的资金,也分拨给不同部门实施管理,通过不同渠道下拨给不同的项目,这就使得不同部门之间各自为政,无法实现有效的沟通,从而无法集中资金,实现对资金的统筹运作,如此一来,资金最终只能被分散使用,资金的使用效益被得到极大的缩减。另外,在这种情况下经常会出现投资重复、投资分散等问题,令资金使用效益和相关政策效益发挥受到极大的阻碍。另一方面,在支农资金管理方面,中央和地方政府并没有明确的职责划分,所以在很多情况下,地方政府承担了本应由中央政府承担的职责,或者是不同部门之间彼此推诿责任。这就使得不同渠道的农业资金在使用上存在着交叉或者重复问题,使得同样的项目同时得到多个部门的资金支持,这就造成了财力的极大浪费。

管理体制的不完善引发了一系列的问题,例如地方上获取拨款资金的

时间较长,县、镇一级的项目在获取资金方面较为困难。即便很多项目已经下达了预算指标,但是地方上因为在资金调度方面存在着困难,所以往往无法按照规定时间将资金下拨给项目。另外,资金运行过程中存在着较多环节,有着十分复杂的关卡因素,这些也拖慢了资金下拨的速度。特别是在一些乡镇,资金滞留问题更是十分严重,常常发生拖、卡、压甚至随意截留挪用的现象,使得项目无法及时得到资金扶持,拖慢了项目进度。因为在财政支农资金的管理、核算等方面没有建立严格、规范的制度,所以资金拨付周期较长,拖慢了项目建设进度,令中央支持现代农业政策的贯彻落实受到了突出的负面影响。

(二)财政支农资金内部控制制度存在不足之处

1.财政支农资金预算约束不严

为适应财政管理体制改革的需要和满足建立公共财政框架体系的要求,近年来,各地普遍实行细化预算和部门预算,"人员经费按标准,公用经费按定额,专项经费按实际"是现行预算的操作模式。但是,随着形势的发展,我国财政支农管理体制的一些弊端逐渐显现出来。如在分配上缺乏科学且合理的标准和依据,使得编制预算时主观随意性大,甚至简单地将支农专项资金进行"切块"分配。其结果是:一些财政支农资金主管部门专项资金大量结余形成沉淀,另一些单位专项资金又供给不足,影响到农业事业发展和政府支农职能的实现;同时"切块"预算对资金使用没有细化的标准,导致资金使用效益低下,不利于对专项资金使用情况进行有效控制和实时监督。普遍存在实际执行与预算相互脱节、随意追加预算、超预算的现象,这在很大程度上削弱了预算约束作用。

2.财政支农资金的财务控制不力

具体表现为:第一,专项资金在核算、储存方面不具有独立性、专门性。项目经费没有和正常性经费明确地区别开来,正常业务经费往往会占用部分专项资金。举例来说,部分单位打着建设项目的旗号,挪用专项资金,将这些资金用在招待、燃油等方面;部分单位则将一定比例的专项资金划拨出来,当作自己的管理费用,用来对事业支出加以平衡。上述种种问题都会使得项目资金无法完全应用在项目建设中,从而延长了项目建设周期。第二,项目建设完毕后,剩余的财政支农资金未上缴或者是未报批。单位在进行年终结算的时候,可能会发现资金有剩余,部分单位违反规定直接将这些未用资金当作自己的事业经费。第三,会计工作不到位。具体而言体现在以下几个方面:首先,未给项目资金设置专账。当前,很多单位仍旧采取的是会计核算中心记账的方式,因为核算中心任务复杂繁重,并且没有为财政农业专项资金设置专账,所以专项资金往往会和其他资金混合起来,致使这些资金无法完全应用在对应的项目建设之中。其次,各单位的财务核算所实行的会计制度是不同的。部分单位尽管实施了专账核算,但是它们采用的却是不同的会计制度,这就使得最终的竣工财务决算在内容和格式上存在着差别,给后续的会计信息的比较、汇总等造成了极大的难度,令项目的整体财务评价和考量受到了突出的负面影响。最后,在财务核算上存在不规范的问题。在单位中,一些会计人员不具备较强的业务素质,使得会计工作错漏频出,例如原始凭证不准确、发票填写不规范等。

3.财政支农项目资金控制不规范

首先,项目申报程序有待优化。在较长一段时间以来,很多地方都按照"先有预算再有项目"的方式来对财政支农资金进行分配,因此,一些部门试图通过种种方法确立项目,获取资金,搞假配套,前期所实施的基础工作不达标,项目资金也无法发挥出应用的效用,项目设计方案脱离实际,最终建成的项目往往不具备较大的作用。其次,对项目建设施工过程缺乏严格的控制。在实施项目建设工作之前,在诸多方面监控不力,致使问题频出。举例来说,部分单位在项目管理方面较为宽松,经常会对项目的计划和用途等加以改变,从而无法实现资金到项目、管理到项目、核算到项目;有的争取到项目资金后,自己组织招投标,形成边设计、边预算、边施工的"三边"工程;有的对已完工项目不及时办理竣工决算,形成敞口工程,或者在组织专家验收操作规程方面不规范,费用过高,或违规发放专家验收费。再次,项目资金不及时发放,致使项目建设时间延后。资金未及时划拨给项目,使得项目无法按照既定计划进行建设。最后,对于那些已经完工的项目没有实行严格的跟踪管理。项目完工后,很多部门既没有对固定资产账目进行确定,也未拿出相应的经费用于项目的管理和维护,使得项目在建成后使用周期比预期短。

4.财政支农资金外部监督制约机制乏力

我国财政支农支出属于公共支出范畴,公共支出属预算支出,所以预算监督体系也应是财政支农资金监督体系。目前,我国预算监督体系有:立法机关监督、财政监督、审计监督、社会中介监督、社会舆论监督等。立法机关监督是指由人大对预算执行情况进行的监督。立法机关对预算的监督主要通过两种方式进行:一是通过立法进行监督;二是通过审查批准预算以及对预算执行的监督来对整个预算资金支出施加影响。财政监督是指通过各级财政机关对预算资金使用实施的监督。各级财政机关是财政支出预算编制主体,对预算资金使用负有日常监督责任,主要是依据法定的权限和程序对各级政府预算资金使用的合法性、有效性实施审查和稽核。审计监督是指由审计机构对预算资金使用实行的监督。主要是指独立的审计主体对预算资金使用单位的经济活动的合法性、有效性进行审查监督,通常是通过对预算资金使用单位的财务决算报告进行强制审计来实施的。社会中介机构监督是指由会计师事务所等社会中介机构对预算资金使用实施的监督。社会中介机构的监督通常具有客观、公正、独立等特点,通常可以起到对其他监督主体进行再监督的作用。社会舆论监督是指通过各种社会舆论力量对预算资金使用实施的监督。社会舆论监督有助于实现预算支出管理工作的公开性和透明度。因此,我国财政支农资金的外部监督主要包括人大、财政部门、审计部门、社会中介机构和社会舆论的监督。然而,我国财政支农资金管理的监督仍然乏力。

首先,监管工作不到位。目前,我国对财政支农资金进行监管的主体有多个,而对各主体在监管工作方面的权力和责任界定不清晰,这就使得不同部门在落实监督工作时存在不到位的问题,不同部门在落实监督工作的过程中缺乏协调配合。其次,财政支农资金的配置使用情况没有明确地公示出来,故而无法受到社会舆论的监督。再次,监督工作并未完全独立出来。我国有着多个财政支农资金监督主体,但是像财政、农业等部门又扮演着管理部门的角色,所以在很多情况下它们要对自身进行监督,这就使得他们的财政支农资金监督工作独立性较差,无法获得较高的监督效率。另外,负责资金审计工作的审计部门和财政部门、农业主管部门等是同级的,所以其也不具备较强的独立性。相较而言人大监督有着较为突出的独立性,但是在技术、信息等的影响下其监督工作往往无法深入。最后,监督人员不具备充足的监督动力,且未受到再监督机制的约束。财政支农资金的所有权、使用权、管理权等是分属于不同部门的,各管理部门并不追求资金效益的充分发挥,并且不同管理部门之间的职责划分也并不清晰。很多部门仅注重资金的顺利拨付,任务资金拨付到位之后自己就无须再开展其他工作了,因此他们对项目投入情况、建设情况、建成后管理情况等持忽视态度,并未针对这些方面建立较为完善的考核评估机制和跟踪监督机制;另外,因为社会效益和生态效益无法通过明确的科学指标展开量化评价,所以很多部门在实施财政支农工作时对这些方面不太注重,致使出现了很多劣质、低效的工程,或者项目完工之后缺乏管理,加速了工程的损坏。

5.财政支农支出绩效评价机制有待建立和完善

目前,我国在财政支出绩效方面尚未展开较为深入的研究,在这方面的评价理论、评价机制有待建立和完善。具体而言,在农业资金绩效评价实践方面存在着下列不足之处:

第一,我国当前所实行的预算支出管理制度在财政支农资金的使用数量、使用方向等方面做出了明确的规定,但是在利益主体资金使用、管理责任、追踪问效等方面则未做出较为清晰的规定,因此在实际操作过程中常常会出现无据可依的现象。各级财政部门和农业主管部门并不是资金的所有主体或者是使用主体,它们仅仅扮演着代理角色,所以它们并不具备强烈的内在动力去对资金使用效率加以提升。因为尚未建立起完善的考核评价机制,加之受到管理成本、信息等因素的影响,所以监管部门往往不会在资金管理绩效方面做出及时、有效的评价,相关部门也无法对其责任加以追究。

第二,绩效评价指标的准确性、合理性有待提升。唯有科学、合理的财政支出指标体系才能够确保财政支出评价工作具有一定的权威性、科学性。但是因为财政支出项目较为复杂和多元,所以在指标设置方面存在着较大的难度,并且对定性指标加以量化也较为困难,指标设定也往往无据可依。

第三,绩效评价的作用未充分发挥出来。绩效评价的目的在于根据评价结果改进公共部门财政预算、提高财政支出工作绩效。但是目前我国农业支出绩效评价工作缺乏统一的法律保障,绩效评价结果既没有成为相关部门安排下一年度预算的依据,也没有成为相关部门新上项目的参考,只是作为各有关部门项目档案保存。绩效评价对于财政支出项目执行过程中的各环节责任人并没有直接的制约,评价结果对于农业支出的预算分配和投资项目的管理没有起到其应有的参考作用、导向作用和制约作用。因此,不少单位尽管有争取项目的热情,却没有完成项目、做好项目的积极性,导致专项资金使用效率不高、效果不佳。

二、优化财政支农资金监管工作的具体措施

(一)借助投资立法规范政府的农村投资行为

为了更好地推动农村经济进步,增强农村投资的稳定性,很多国家借助投资立法来规范政府的投资行为,避免政府从主观意愿出发随意投资。当前我国尚未针对政府的财政支农投资行为推出明确的法律条文,投资政策也并不稳定,对农村地区的投资数量上也存在着较大的起伏,这就使得财政支农支出的总体状况浮动较大,不利于农村地区的持续稳步发展。我国在

农业投资方面已经初步制定了部分法律条文,应当尽快地对其加以优化,令这方面的法律规定变得更加完整。

(二)令政府财政投资总量持续稳定增长

令政府财政投资总量处于稳定上升状态,特别是要在农业领域进一步加大投入,促使财政支农具有更强的稳定性,确保农村的资本长期得到较为充足的供应,为农村经济稳定发展助力。通过相关资料可知,目前农村获取建设资金的主要渠道仍旧是政府财政支农。因此可以知道,若是政府财政支农资金存在着较大的波动,那么我国农村地区生产力的均衡性、继承性、积累性等都会受到极为突出的负面影响,不利于我国农村地区经济的发展。以往相关部门在制定财政支农政策时,未提前做好科学、充分的估测,那么此时制定出来的政策就无法很好地契合农村经济的实际发展情况,对此相关部门要在反思的基础上完善工作,在投资方面将目光放长远,不要实施短期行为,确保财政支农资金能够始终保持平稳上升的发展态势。

当前,在农业建设和农业科研领域中国财政所投入的资金仍旧不足,从而无法有效地推动现代农业的发展。通过对比可知,发达国家会以现代农业发展要求为依据来明确其投资方向,其针对农业发展所推行的补贴机制也较为全面、科学。在现代农业发展的具体过程之中,发达国家在将农业生产和开发作为重点投资方面的同时,也将部分资金应用在其他方面,例如从实际发展要求出发将部分资金分配给有关流通部门,这样更加有利于推动现代农业的全面发展。

(三)优化资源配置,获取更高投资效益

我国财政支农投资长期以来存在着重支出轻管理、重到位轻效益的现象,增加财政支农资金投资不能按照投资结构简单扩张,必须合理调整投资结构,实现支农资金的优化配置,促进供需结构性均衡。同时,一定时期的财政支农资金总是有限的,应加强对其的管理,集中使用。在项目的选定和评估上依据国家和地方的社会经济发展政策和资源配置,消除瓶颈制约,强化基础建设,扶持支柱产业,建立财政支农项目评估指标体系,对来源于各层次、各渠道的资金集中起来设立专户,统一规划、使用和管理,防止资金的重复交叉,增强各部门间的协调工作效力,同时对资金的使用进行全程跟踪检查,提高资金的使用效率。

(四)优化和完善财政农业投入监督方式

财政监督的实行能够有效地提升财政资金的运行效率。目前我国的财政农业投入政策尚未建立起较为完善的监督机制,因此无法确保财政农业投入能够完全、及时地到位，并且也无法有效避免资金挪用和流失等问题的出现。另外，资金投入监管机制的缺失，使得财政部门无法对农业补贴立项预算、审核和效益等进行明确的跟踪管理，使得补贴资金无法将其应有效用完全发挥出来，从而无法顺利达成补贴目的。通过对发达国家的相关经验进行研究可知，目前，中国需要落实的一项举措就是建立起一套"立法监督＋行政监督"的复合型农业财政投入监管体系，并且可设置专门的农业补贴监督委员会，令其与政府相关部门独立开来，真正将农业支持和保护行为从本质上定性为国家行为。

三、完善我国财政支农资金管理与监督的政策选择

（一）树立科学的农业发展观，优化农业资金运作机制

1.深入认识财政支农资金管理，形成新型理财观念

依法行政、依法理财，是财政支持现代农业的基本要求。各级财政部门要切实增强责任感和紧迫感，从建立科学的机制着眼，规范管理，用制度和机制保障财政支农资金安全运行、高效使用。同时，要根据目前财政支农工作和支农资金管理面临的新形势和新要求，牢固树立"抓资金管理就是抓资金投入、抓资金管理就是抓使用效益、抓资金管理就是抓资金安全"的新的理财观念，切实把强化支农资金监管与扩大支农资金投入放在同等重要的位置，彻底改变重支农资金分配、轻支农资金监管的现象。

2.优化财政支农支出结构，进一步突出支农投入重点

始终将财政工作的重点放在"三农"问题处理方面，优化和完善财政支农资金稳定增长机制，令支出结构变得更加科学、合理，通过恰当的方式明确财政投入的主要方向。要从农村、农民、农业的实际需要出发推出各项政策措施，让这些政策措施具有更强的针对性和有效性，为农业发展和农村建设提供重要政策保障，力争让农民获得更多直接的补贴。另外，积极发展农村社会事业，令农村公共服务变得更加完善，令城乡在公共服务方面的差距得以缩小。

3.变革资金投入方式，重新建构资金分配管理使用体系

长期以来，我国农业资金的来源渠道主要是财政部门的资金投入，农民可以无偿使用这笔款项，尽管这种资金投入方式在一定程度上推动了农村农业的发展，但是却无法令资金的使用效益充分发挥出来，容易增强相关部门和人员的依赖性，同时也并未实现责权利的彼此制约。所以，在如今的市场经济时代，我国既要进一步增强农业资金投入主体的多元性，同时还要优

化农业资金的配置,重新建构资金分配管理使用体系,以明确的受到法律承认的方式对相关的责权利进行明确,真正为农业资金的管理和使用提供机制保障。

4.统一管理农业资金,切实搞好财政资金的配套管理

目前,农业资金基本上由计划、农业、林业、水利等部门分管,这种多头管理的体制不利于监督和调控,有碍于提高资金的整体效益和时效性。因此,建议国家成立类似"农业投资委员会"的统一管理农业资金的机构。该委员会在国务院领导下,负责全面研究和制定农业投资政策和农业投资制度,统一规划农业基础设施建设、棉油基地建设、农业综合开发、扶贫攻坚、救灾抗灾、大型水利治理以及相应建设资金的筹集和分配,确定全国统一的农业资金管理原则,负责监督检查各地农业资金的运行情况。各级财政部门要加强财政资金配套管理,在安排年度农业投入预算时,必须科学确定投入项目,选好支农重点,并对投入资金实行专户储存,专项结算,实行财政统管,保障专款专用,以保障农业投入资金的安全和完整。

(二)完善财政支出管理制度,强化财政支农资金控制

从完善财政支出管理制度出发,必须实施对财政支农资金全过程、多层次的实时控制,具体要从以下三个方面入手:

1.强化对财政支农资金预算的控制

首先,做好细化预算。预算法应明确规定预算编制、预算执行和预算审核等相关机构和人员权责,并明确规定相关机构和人员的奖罚措施。从财政支农资金方面来说,各级政府在实施编制预算工作的时候要先做好部门预算工作,并且要进一步深化财政部门和农业主管部门的沟通交流。农业主管部门则要围绕项目做好调研和论证工作,在此基础上搭建起一个丰富、完备的项目库,之后以预算年度支农资金情况为根据从项目库之中选择一个作为预算项目。支农项目资金要明确现代农业建设项目,与农口部门的事业经费分开预算。

其次,对预算加以严格执行。编制的预算往往需要人大审议之后才能通过,因此其权威性不言而喻,执行人员不可对预算进行随意更改。另外,编制得较为细致的预算在执行过程中往往不会出现较大的偏差。

再次,落实好决算工作。决算工作的任务在于总结预算的具体执行情况。通过决算可以知道在执行预算的过程中是否出现了偏差,并且进一步查明导致偏差出现的因素,避免日后再出现类似的情况。

最后,人大常委会机关应以对人民高度负责的态度组织相关专业人员对预算编制的科学性、可行性,对预算执行的偏差性、效益性等进行严格审核。

2.实行国库集中支付制度

随着公共财政体制框架的确立,财政支农资金拨付应逐步实行国库集中收付制度,即以国库单一账户体系为基础,将所有的财政性资金都纳入国库单一账户体系管理,收入直接缴入国库和财政专户,支出通过国库单一账户体系支付到商品和劳务供应者或用款单位的一项国库管理制度。这里所指的财政性资金包括财政预算内资金、纳入财政预算管理的政府性基金、纳入财政专户管理的预算外资金和其他财政性资金。实行国库集中收付制度,改革以往财政性资金主要通过征收机关和预算单位设立多重账户分散进行缴库和拨付的方式,有利于财政性资金按规定程序在国库单一账户体系内规范运作,有利于收入缴库和支出拨付过程的有效监管,有利于预算单位用款及时和便利,解决了财政性资金截留、挤占、挪用等问题。

3.积极推进财政支农资金整合

财政支农资金整合应以现代农业建设为契机,加快建立县级支农资金整合平台。按照"渠道不乱、投入不减、管理不松、各司其职、各记其功"的原则,以县级财政部门为主体,以农业农村发展规划为依据,以主导产业、优势区域和重点项目为平台,以切实提高支农资金使用整体效益为目的,强化项目之间、部门之间的资金整合力度,将农业、水利、林业等涉农资金实行统筹调度,发挥资金使用的集聚效应;稳步有序扩大资金整合范围,全方位、宽领域地推进支农资金整合,统筹安排各种渠道的支农资金。除特殊用途的资金以外,逐步将财政部门管理的支农资金、农口部门预算用于项目的资金和新农村建设部门帮扶资金等纳入整合范围。整合支农资金,有利于逐步规范政府农业资金投向、合理配置公共财政资源。按照"减少交叉、权责一致、强化协调、增强服务"的要求,调整和归并部门职能分工,理顺投资主管部门和财政主管部门在支农资金管理方面的职能定位,对支农项目实行相对集中管理,逐步实现由财政部门统一拨付支农资金和财政直接支付制,强化统筹协调,避免重复投资和分散投资;归并支出事项,降低管理成本,提高资金效益。总之,要在各部门结合实际制定的项目规划和年度实施计划的基础上,将财政支农资金整合后统筹安排到重点建设项目,促使不同部门分散管理的资金共同投向现代农业建设。

(三)做好财政支农资金监督工作,构建全程监控体系

提高财政支农资金监督力度,重点在于推动财政主管部门进一步做好监督工作,让支农资金最大限度地发挥出其应有效益。财政部门对财政支

农资金的监督工作,重点在于及时发现其中存在的问题并加以扼制或者消除,通过强化事前、事中的监督真正提升财政支农资金的投入效益。当前,我国在财政支农资金监管方面仍旧存在着诸多不足之处,具体来说要从以下角度入手加以完善:

1.进一步加强预算监督工作

预算监督的工作重心主要在预算编制和预算执行情况这两个方面,在此基础上兼顾到对预算执行结果的监督。

首先,进一步强化对预算编制情况的监督,从源头上加强预算管理,对预算单位和其上报资料进行审查,重点查看其是否完整和真实,通过多元审查手段发现并纠正预算单位的各种违纪违法行为,进一步提升部门预算编制工作的规范性和科学性。从部门预算编制实践的角度来说,部门预算的工作重心在支出预算上,而在支出预算工作中,比较困难的一项工作就是项目支出预算。要想让财政支农支出预算编制达到特定的水平,就要严格地对预算编制的诸多环节进行审查。通过事前对财政支农投资预算编制的方法、程序和实施方案进行检查,判断其编制过程是否合理。通过对基础年度财政支农支出的预算执行情况进行事前检查,判断其投资依据是否充实可靠,通过事前检查财政支农投资预算是否符合农业投资的要求,中央与地方的支出划分是否严格按照政策规定执行支农财政预算支出安排的重点和数量界限,检查地方财政支农投资是否符合中央当前农业政策取向以及是否符合《中华人民共和国农业法》和相关财经法律法规的规定等。因为相较于其他预算支出而言,财政支农投资项目预算支出具有突出的专业性、专门性,所以财政机构的预算管理部门在进行审查的过程中所使用的专业手段并不全面和丰富,此时可将财政评审部门纳入进来,让其开展预算评审工作,让预算审查获得更加可信的结果,真正从源头上对农业项目建设资金做出合理、科学的安排。加强预算编制的细化,为事中和事后对农业项目支出预算执行进行有效的管理提供科学准确的依据。

其次,进一步强化对预算执行情况的监督。财政部门具体要做好如下工作:审查项目拨款工作是不是严格依照运行阶段进行,对农业基础设施、农业科技等相关项目的费用支出进行检查,看其拨款情况是否和政府批准的日期和额度相符合,看其是不是存在超支、损失、突破预算等问题,以及是否存在其他违法违规行为,若是发现存在预算超支或者节支等问题要责令项目相关人员给予解释说明。对于在财政支农资金的预算执行过程中,以及各监督主体在执行相关政策法规的过程中有概率发生的问题要提前做好预估和防范,尽量避免这些问题发生,防止它们给农业投资活动造成极大的阻碍。通过监督检查及时发现问题既可以检验财政支农投资预算编制的方式、程序和支出计划安排的科学性与合理性,为完善财政支农投资项目的预算编制,建立规范的财政支农投资预算支出项目提出建议,又可以检验财政支农投资资金管理活动的规范性和财政支农投资政策的合理性,达到完善农业政策、提高财政支农投资效益水平的目的。在对预算进行监督的问题上,还应该延长预算编制的时间。通常来说,我国的预算编制时间在半年之内,在这之中要办完大量程序,时间的紧迫性和任务的繁重性两相矛盾,使得预算编制部门的工作人员陷入疲乏的工作状态,令部门预算出现诸多弊端,例如项目论证不足、计划和实际不对应、执行过程中做出了过多调整等。另外,所有预算都要在每年的3月份得到全国人民代表大会的批准,若是在批准之前预算已处于执行状态,加之法定的批复预算的时间,那么大概有四个月的时间人们需要在无预算的情况下进行预算执行工作,这显然违背了预算执行应有的法制性、严肃性。所以,应当尽早完成预算编制工作,也就是说,在人大会议召开之后,就要立即开始实施明年的预算编制工作。与此同时,人大也应该在公历自然年度开始前通过下一年度预算,以便为依法行政、依法理财提供法律保障。

最后,做好预算结果的监督工作。在农业投资项目建设完毕之后,财政部门应当成立监督检查小组,严格地对预算的执行结果展开监督检查,查看预算支出是否存在违法违规等问题。检查小组一旦发现违法违规行为,就要依法依规问责并惩处。同时做好事前和事后监督工作,在此基础上实施全过程、全方位的监督问责追踪行动,最大限度地避免财政支农资金出现流失问题,让资金的应有效用充分地发挥出来。

2.进一步加强财务监督工作

财务监督工作所需要监督和检查的主要是财政支农资金运行的账面情况,查看不同账面记录之间是否对应,账面和现实支出是否彼此符合。财政支农资金的财务监督涵盖了以下两个方面的内容:一是对与农业投资项目相关的企业单位财务收支活动的监督;二是对行政事业单位财务收支活动的监督。首先,这里所说的企业单位具体指的是接受投资资金或者是执行投资项目的具体单位,通过监督其财务收支活动能够知道其资金使用的合理性,在其使用下资金的使用效益是否得到充分发挥。其次,对行政事业单位财务收支活动的监督,包括上级财政部门对拨付到该下级财政部门的财政支农资金使用情况的财务监督、各级财政部门内部对财政支农投资预算支出拨付情况的财务监督以及财政部门对农业、林业、水利、气象等部门执行财政支农资金预算情况的财务监督,是对行政事业单位财政支农资金的筹集、分配、使用等财政收支活动的监督。对财政支农资金运行情况的财务监督涵盖资金运行的全过程,可视农业投资项目的建设期长短而合理安排定期的财务检查,也可根据需要进行突击检查。通过对使用财政支农资金的部门和单位的原始财务凭证进行审核,对实物、款项进行监督,对财务报告进行核查,对财务收支进行检查,对其会计账簿进行分析、考核、评价,以确保财政支农资金的安全高效利用。

3.进一步强化财政支农投资的评审工作

财政投资评审属于技术评审的范畴,它具有突出的专业性,它能够从组织和技术的层面为财政预算的支出监管工作提供重要保障。当前,参与财政投资评审的机构包含两大类别:一是各级财政部门成立起来的投资评审中心,二是其他社会中介机构,例如工程造价咨询机构、会计师事务所等。前者不以营利为目标,能够较好地完成财政投资评审工作;后者则是前者的重要补充,能够辅助前者更顺利、更迅速地完成工作。但应当指出的是,后者应听从前者的管理,不可独立负责某项评审工作。财政投资评审机构要借助科学、专业的方法和技术进一步强化对项目的综合审查,做好项目资金运行和各项财务活动的监督工作,并力争打造出一个较为完善的财政支农支出约束机制——评审完毕之后再批复,评审完毕之后再拨款。当前,在农业投资项目领域,财政投资评审并未将其应有效用最大限度地发挥出来,所以,相关部门要继续强化评审力度,对评审行为加以进一步规范。在农业项目的财政投资评审中要坚持客观、公正、公平、公开、效益的原则,切实加强投资评审工作内部的规范化管理,包括基本要求、内部职责划分、项目评审主审责任制度、内部稽核制度、文档管理、公文运转、保密与廉政建设、检查监督等,以利于财政投资评审的顺利进行。而且财政评审工作还要向农业项目建设的前、后期延伸。通过对建设项目设计阶段进行评审,做到在事前控制工程造价,节约财政支农资金;通过对建设项目进行事后评审,全面履行财政部门对农业基本建设资金使用的监管职能。

为了实现最终的评审目的,财政投资评审切忌仅对单个项目的审减金额加以强调。因为农业基础设施项目要注重综合利益的获取,也就是说,在获取一定经济利益的同时还要注重谋求一定的社会效益和生态效益。所以,财政投资评审机构要多角度、全方位地评价项目的整体效益,唯有如此,财政投资评审的监督作用才能够真正发挥出来,真正助力支农投资效益达到更高的水平。

4. 进一步强化财政部门内部监督工作

我国财政系统内部也存在着一定的违法违纪行为,并且近年来违纪金额不断攀升,违纪所使用的手段也更加不易被发现,加之监管不到位,使得我国大量财政支农资金未能真正应用在农业领域,其支农效益未能得到充分的发挥。对此,财政部门有必要进一步强化内部监管,避免财政支农资金在部门内部出现流失问题。这里所说的财政部门内部监督重点指的是事前监督和事中监督,内部监督工作应当贯穿在部门的日常管理工作之中。财政部门要对内部不同机构的关系加以调和,使之形成配合协作的工作惯性,增加不同部门对彼此的支持程度,提高信息在不同部门之间的共享程度,为财政部门内部监督工作的落实奠定基础。目前,强化财政部门内部监督可以落实下列举措:

一是在财政部门内部建立综合型监督机制。财政监督机构应被赋予有监督同级业务部门的权力,在行政级次上可以略高于其他业务部门。外部监督职能可由财政监督部门和业务部门共同负责,由财政监督部门进行组织、指挥和协调工作。内部监督工作则由财政监督机构直接负责,对业务机构和财政干部的廉政情况进行监督检查。要结合财政部门内部监督工作的实际需要,制定年度内部监督检查计划,安排财政监督机构定期和不定期地对财政部门内部的各业务机构在进行财政支农投资活动中执行有关法律法规、政策制度以及财政收支情况进行监督检查。在内部监督的内容和对象上,应当既能覆盖全面,又能突出重点,抓好主要矛盾,提高内部监督的针对性、及时性、有效性。

二是在财政部门的内部,要做到预算分编制和执行相分离,并从制度上保证内部监督检查的经常化、规范化。财政机构各业务主管部门要加强对财政支农资金拨付使用过程的控制,规范办事程序,增加财政支农资金投放的透明度,实行国库集中支付制度,真正从源头上减少和防止财政支农资金分配过程中可能发生的违法违纪行为。

三是完善上级对下级财政机关的监督约束机制。对下级财政部门执行财政法规政策的情况进行监督检查,是财政监督的基本任务。同时,对其他有可能影响财政支农投资政策的贯彻执行,导致财政支农资金浪费的不当行为,上级财政部门要进行严格的监督检查并追究有关部门和领导的责任。财政支农投资具有规模大、持续时间长、不可控因素多等特点,因而在资金使用过程中管理难度大,漏洞及资金流失机会也比较多。为此,必须动员行政、法律及社会各界力量,进行广泛监督,通过系统监督、规范和约束资金使用过程的组织及官员的行为。具体来说:首先要强化财政监督。财政部门要通过制定资金使用管理办法,协调资金在部门间的分配,明确部门间的管理责任,加强立项前的调查研究,对项目建设中资金使用情况进行检查,按进度拨款,控制投资规模,进行事后监督检查等手段加强对支农项目资金的监督管理。其次要改善部门监督。各业务部门主要从技术条件、工程规模、资金专款专用等方面进行项目监督。最后要搞好社会监督。要利用社会中介机构加强对财政支农资金使用的审计监督,定期对大型工程项目进行专项检查。总之,通过多方面监督,确保财政支农资金合理使用,使用效益提高。

(四)健全相关法律体系,严明国家财经法纪

首先,增强法治意识和规则意识,要有法可依,建立健全相关法律法规。财政支农支出的监督法规应包括:规范财政支农支出监督客体行为的财政法规及相关的经济法规;规范财政执法主体行为的财政法律法规;规范财政支农支出监督主体处罚违法违纪行为的法规。但就目前而言,这三方面的法规建设都严重滞后,难以给财政支农支出监督工作的开展提供法律保障。财政支农支出监督的立法有三个层次:一是全国人大或全国人大常委会要修订和尽快出台有关财政支农支出监督的法律,如《中华人民共和国预算法》以及"财政法""财政监督法""农业投资法"等一系列涉及财政支农支出监督问题的根本大法;二是财政部等有关部门制定关于财政支农支出监督的规定;三是各地方要完善地方性财政监督法规,如关于财政支农支出监督管理的立法管理权等。财政支农支出监督法制的内容涉及六个方面:第一,关于财政支农支出的监督机构、职责和监督程序的法律规定;第二,关于财政支农支出预算监督的法律规定;第三,关于财政、农业、林业以及畜牧等与财政支农支出相关的行政事业单位财务监督的法律规定;第四,关于农业基本建设财务监督的法律规定;第五,关于会计监督、审计监督的法律规定;第六,关于对违反财政支农支出监督法规处罚的法律规定。

其次,增强法治意识和规则意识,要从国家公务人员和各级政府官员做起,严格按照党和国家的政策法令规范行政行为。要高度重视农业的基础地位,明确所在部门所肩负的职权责任;认真贯彻落实党和国家关于农业资金投入和管理使用的政策和法令,保障在数额上足额及时到位,专款专用;认真执行国家财经法规,加强农业资金管理使用的制度建设;增加资金分配和管理使用过程中的透明度,自觉接受人大监督、财经监督、审计监督、社会

监督和舆论监督，以防止和杜绝违法违规问题的发生。

最后，增强法治意识和规则意识，要与严明国家财经法纪相结合，严肃查处农业资金管理使用中出现的违法违规违纪问题，严肃追究相关责任人的法纪责任。要接受以往的经验教训，对违法违规违纪者绝不可姑息迁就，要按照有关法规的规定，该处罚的坚决处罚，该处理的严肃处理。特别是对那些明知故犯、屡查屡犯、顶风作案、知法犯法的责任人，对那些弄虚作假、盘剥农业资金、劳民伤财搞"政绩工程"、只顾局部利益、造成重大经济损失、管理疏漏、致使农业资金严重流失，以及挤占、挪用甚至侵吞农业资金行为的责任人，必须依法依纪追究他们的法纪责任；不仅要挽回经济上应该挽回的损失，而且要使他们原来抱有的个人利益、局部利益和政治企图完全化为泡影，要使那些极少数利用农业资金作资本的政治投机者身败名裂。只有这样，才能够发挥国家法律的震慑力，达到以儆效尤的目的。也只有这样，才能更加促使人们牢固树立法治意识和规则意识，增强遵纪守法和依法行政的自觉性。当然，在进行处理处罚和责任追究的过程中，必须要严格依法行事，做到客观公正，实事求是。要区别情况，分别对待，使处理处罚和责任追究真正起到保护改革者、打击违法者、惩治违纪者、教育失误者的作用。

参考文献

[1]曾晓华.互联网＋时代现代农业创新发展机制研究[J].农业经济,2020.(05) 22-23.

[2]曾亿武,杨红玲,郭红东.农村信息化发展顶层设计:政策回顾与前瞻[J].农林经济管理学报,2020(01):67-76.

[3]陈欢欢."互联网＋农业"发展的瓶颈及创新路径[J].人民论坛·学术前沿,2020 (18):124-127.

[4]陈婷."互联网＋"背景下农村电商发展的现实意义及对策分析[J].农业经济,2021 (02):143-144.

[5]陈晓明.论"互联网＋"背景下如何加强农业企业会计核算[J].山西农经,2021 (01):124-125.

[6]陈玉山,郭佳俊.互联网信息对江苏农村经济影响的实证分析[J].商业经济,2020 (09):124-128.

[7]陈运平,黄小勇,成忠厚,孙红月.基于系统基模的"互联网＋"驱动传统农业创新发展路径研究[J].管理评论,2019(06):113-122.

[8]成德宁,汪浩,黄杨."互联网＋农业"背景下我国农业产业链的改造与升级[J].农村经济,2017(05):52-57.

[9]崔国柱.信息技术服务体系在农业经济发展及农产品电商中的应用[J].商展经济,2021(03):125-127.

[10]丁艳."互联网＋"共享经济背景下农村经济发展模式的转变[J].农业经济,2020 (09):58-59.

[11]冯贺霞,王小林.基于六次产业理论的农村产业融合发展机制研究——对新型经营主体的微观数据和案例分析[J].农业经济问题,2020(09):64-76.

[12]付学谦,周亚中,孙宏斌,郭庆来.园区农业能源互联网在线安全分析:评述与展望[J].中国电机工程学报,2020(17):5404-5411.

[13]付学谦,周亚中,孙宏斌,王洋.园区农业能源互联网:概念、特征与应用价值[J].农业工程学报,2020(12):152-161.

[14]付耀辉.乡村振兴背景下"互联网＋农业"发展问题及对策研究[J].财富时代,2020(04):144-145.

[15]耿君尧.普惠金融体系下现代农业融资困境及应对[J].农业经济,2020(06):98-100.

[16]苟延杰.产业互联网视角下农业供应链金融模式创新研究[J].四川轻化工大学学报(社会科学版),2020(02):33-52.

[17] 郭美荣,李瑾,冯献. 基于"互联网＋"的城乡一体化发展模式探究[J]. 中国软科学,2017(09):10-17.

[18] 郭美荣,李瑾. 数字乡村发展的实践与探索——基于北京的调研[J]. 中国农学通报,2021(08):159-164.

[19] 胡利琛,周丽霞. "互联网＋"背景下以蜂蜜为代表的农产品产销模式研究[J]. 中国市场,2021(08):51-52＋85.

[20] 胡伦,陆迁. 贫困地区农户互联网信息技术使用的增收效应[J]. 改革,2019(02):74-86.

[21] 胡雅淇,林海. "互联网＋"赋能小农户对接大市场的作用机制及效果[J]. 现代经济探讨,2020(12):110-117.

[22] 江维国,李立清. 互联网金融下我国新型农业经营主体的融资模式创新[J]. 财经科学,2015(08):1-12.

[23] 揭佳豪. 互联网金融对农村民间借贷需求的影响[J]. 华北金融,2021(01):83-94.

[24] 寇光涛,卢凤君. "互联网＋农业产业链"的实践总结与创新路径[J]. 农村经济,2016(08):30-34.

[25] 李国英. "互联网＋"背景下我国现代农业产业链及商业模式解构[J]. 农村经济,2015(09):29-33.

[26] 李国英. 产业互联网模式下现代农业产业发展路径[J]. 现代经济探讨,2015(07):77-82.

[27] 李建英,武亚楠. "互联网＋"农业价值链融资的融合模式、运行机制及效果[J]. 西南金融,2019(10):66-72.

[28] 李瑾,冯献,郭美荣,马晨. "互联网＋"现代农业发展模式的国际比较与借鉴[J]. 农业现代化研究,2018(02):194-202.

[29] 李瑾,郭美荣. 互联网环境下农业服务业的创新发展[J]. 华南农业大学学报(社会科学版),2018(02):11-21.

[30] 李瑾,马晨,赵春江,冯献. "互联网＋"现代农业的战略路径与对策建议[J]. 中国工程科学,2020(04):50-57.

[31] 李景如,刘美彤,左书萏,张凯. 互联网农业大数据云服务平台现状研究[J]. 现代农机,2021(02):4-5.

[32] 李欠男,李谷成. 互联网发展对农业全要素生产率增长的影响[J]. 华中农业大学学报(社会科学版),2020(04):71-78.

[33] 李泉. 互联网发展水平对农业保险发展的影响研究——基于双重中介效应的实证分析[J]. 兰州学刊,2020(09):115-130.

[34] 李瑞华. "互联网＋"时代下推动农业经济发展的探索[J]. 山西农经,2021(03):49-50.

[35] 李晓辉. 互联网金融视角下新型农业经营主体融资模式创新[J]. 农业与技术,2021(03):156-158.

[36] 李悦. 当阳市"互联网＋农业"发展现状及对策[J]. 现代农村科技,2021(01):109-110.

[37]郦浩成,闻人泱泱,李乐萍,徐畅. 小微农企融资模式创新研究——以构建互联网订单融资平台为例[J]. 中国商论,2021(01):105-108.

[38]廖先莉,唐琳,刘星月,李跃鹏,赵永鑫. 互联网＋背景下我国智慧农业的发展策略[J]. 农业与技术,2020(07):29-30＋35.

[39]刘刚. 互联网供应链金融助力乡村振兴战略研究[J]. 理论探讨,2019(06):118-123.

[40]刘洁. "互联网＋"在农业技术推广中的作用及发展趋势[J]. 农业开发与装备,2020(05):30＋24.

[41]刘丽伟,高中理. "互联网＋"促进农业经济发展方式转变的路径研究——基于农业产业链视角[J]. 世界农业,2015(12):18-23.

[42]刘利科,任常青. 农业互联网供应链金融模式分析——以产业龙头企业新希望集团为例[J]. 农村金融研究,2020(07):32-38.

[43]刘涛,王波,李嘉梁. 互联网、城镇化与农业生产全要素生产率[J]. 农村经济,2019(10):129-136.

[44]刘文华. "互联网＋"的农业经济发展[J]. 新农业,2021(02):6.

[45]刘晓倩,韩青. 农村居民互联网使用对收入的影响及其机理——基于中国家庭追踪调查(CFPS)数据[J]. 农业技术经济,2018(09):123-134.

[46]刘银,徐丽娜,唐玺年,王蕾,阿丽娅·依不拉音,张入文. 互联网使用对中国城乡家庭创业的影响分析——来自三期面板CFPS数据的实证[J]. 湖南农业大学学报(社会科学版),2021(01):87-96.

[47]刘迎雪,夏惠芸. 乡村振兴背景下新农人培训模式创新研究[J]. 继续教育研究,2021(01):62-66.

[48]刘子涵,辛贤,吕之望. 互联网农业信息获取促进了农户土地流转吗[J]. 农业技术经济,2021(02):100-111.

[49]罗莉. "互联网＋"背景下我国智慧农业的发展策略[J]. 南方农机,2021(02):15-16.

[50]罗兴,吴本健,马九杰. 农村互联网信贷:"互联网＋"的技术逻辑还是"社会网＋"的社会逻辑? [J]. 中国农村经济,2018(08):2-16.

[51]马宽斌,黄丽丽. "互联网＋"背景下新型职业农民培训路径探析[J]. 成人教育,2020(07):37-42.

[52]马晓河,胡拥军. "互联网＋"推动农村经济高质量发展的总体框架与政策设计[J]. 宏观经济研究,2020(07):5-16.

[53]苗立峰. 试论"互联网＋"在农业技术推广中的价值与前景展望[J]. 河南农业,2021(02):61-62.

[54]那鑫,王雨微. "互联网＋"新模式下农业发展帮扶平台的探索[J]. 商业经济,2021(01):137-139.

[55]倪冰莉."互联网＋"时代农业全产业链发展模式创新[J].商业经济研究,2020
(21):85-88.

[56]聂召英,王伊欢.链接与断裂:小农户与互联网市场衔接机制研究——以农村电商
的生产经营实践为例[J].农业经济问题,2021(01):132-143.

[57]浦靖璐,方智果,张欣怡,易依.移动互联网时代下乡村文化的传承与创新[J].大
众文艺,2021(02):218-219.

[58]曲利利.探索"互联网＋"时代的农产品营销与农业经济发展思考[J].商展经济,
2021(02):26-28.

[59]任淑华,贾培瑶,赵忆岚."互联网＋"下新媒体营销对农村经济发展的促进作用
[J].核农学报,2021(03):770.

[60]石鑫岩.论"互联网＋"时代中的农业经济发展研究[J].中国市场,2020(12):
12-14.

[61]苏道敬.基于农业互联网创新视角下的农业法律保障研究[J].核农学报,2021
(01):261-262.

[62]苏岚岚,孔荣.互联网使用促进农户创业增益了吗?——基于内生转换回归模型
的实证分析[J].中国农村经济,2020(02):62-80.

[63]隋福民."互联网＋农业"还是"农业＋互联网"——中国农业产业升级的战略选择
[J].宁夏社会科学,2020(06):102-107.

[64]孙冉冉."互联网＋"与农业技术推广的融合运用策略探究[J].现代商贸工业,
2021(05):74-75.

[65]谈晶晶,毛学伟,尚芬芬,陈雯,王海芹.江苏省农业电子商务发展模式分析[J].安
徽农业科学,2021(03):235-237.

[66]唐金湘."互联网＋农业"背景下饲料企业创业路径研究[J].中国饲料,2020(11):
138-141.

[67]唐凯江,杨启智,李玫玫."互联网＋"休闲农业运营模式演化研究[J].农村经济,
2015(11):28-34.

[68]万宝瑞.我国农村又将面临一次重大变革——"互联网＋三农"调研与思考[J].农
业经济问题,2015(08):4-7.

[69]王柏谊,杨帆."互联网＋"重构农业供应链的新模式及对策[J].经济纵横,2016
(05):75-78.

[70]王冬媚.农村互联网金融发展研究[J].合作经济与科技,2021(06):78-80.

[71]王芳."互联网＋"背景下的现代农业发展路径探析[J].农业经济,2020(03):
19-20.

[72]王军,吕泳宏."互联网＋农业"对农业全要素生产率的影响研究——基于
Malmquist指数法的面板数据分析[J].中国西部,2020(05):83-94.

[73]王俊豪,周晟佳.中国数字产业发展的现状、特征及其溢出效应[J].数量经济技术
经济研究,2021(03):103-119.

[74] 王磊. 新零售驱动的"互联网＋"农超对接模式探讨[J]. 商业经济研究,2021(04):
  125-128.

[75] 王山,奉公. 产业互联网模式下农业产业融合及其产业链优化研究[J]. 现代经济
  探讨,2016(03):47-51.

[76] 王小兵,康春鹏,董春岩. 对"互联网＋"现代农业的再认识[J]. 农业经济问题,
  2018(10):33-37.

[77] 王晓峰,赵腾腾. 互联网影响残疾人就业的作用机制研究[J]. 人口学刊,2021
  (01):96-112.

[78] 王莹."互联网＋"背景下我国智慧农业发展路径研究[J]. 物流科技,2021(02):
  131-134.

[79] 王友起,曹丽君,吴菲,王孟玉,张晶晶. 基于"互联网＋"的现代农业发展研究[J].
  现代化农业,2021(03):61-62.

[80] 王玉玲,刘欣怡,张芳菲."互联网＋"背景下现代农业的销售模式研究[J]. 商业经
  济,2020(01):139-140＋168.

[81] 韦佳. 互联网时代下我国农产品营销策略[J]. 新农业,2021(02):60-61.

[82] 魏明. 浅析互联网信息对江苏农村经济的影响[J]. 山西农经,2021(02):35-36.

[83] 温涛,陈一明."互联网＋"时代的高素质农民培育[J]. 理论探索,2021(01):12-21.

[84] 温涛,陈一明. 数字经济与农业农村经济融合发展:实践模式、现实障碍与突破路
  径[J]. 农业经济问题,2020(07):118-129.

[85] 吴彤,周鹭羽."互联网＋"下休闲农业发展的路径研究——以江阴市为例[J]. 农
  村经济与科技,2021(03):74-76.

[86] 吴絮颖."互联网＋"对农业产业升级促进作用探究[J]. 中国农业资源与区划,
  2016(05):208-212.

[87] 谢安世. 我国休闲农业发展演进及"互联网＋"转型研究[J]. 经济纵横,2017(06):
  102-107.

[88] 谢知,姜辰敏,熊盛凯,黄凌. 基于"互联网＋"背景的政策性农业保险经营模式研
  究[J]. 福建轻纺,2021(03):36-40.

[89] 熊春林,张子威,杨家宝,杨兵. 社会力量参与"互联网＋"农业科技服务的策略研
  究——基于 SWOT-PEST 组合模型的分析[J]. 北京农业职业学院学报,2020
  (06):11-18.

[90] 徐玉杰,郭春明,李贵凯,吴迪. 互联网农业服务平台调查与分析[J]. 现代农机,
  2021(02):2-3.

[100] 许宪春,王洋. 大数据在企业生产经营中的应用[J]. 改革,2021(01):18-35.

[101] 闫迪,郑少锋. 互联网使用能提高农户生产效率吗?——以陕冀鲁三省蔬菜种植
  户为例[J]. 南京农业大学学报(社会科学版),2021(01):155-166.

[102] 杨继瑞,薛晓,汪锐."互联网＋现代农业"的经营思维与创新路径[J]. 经济纵横,
  2016(01):78-81.

[103]杨建利,邢娇阳."互联网＋"与农业深度融合研究[J].中国农业资源与区划,2016(08):191-197.

[104]姚海鑫,张晓旭."互联网＋农业"背景下农业企业竞争力提升问题研究——基于农业上市公司样本的实证分析[J].经济纵横,2019(11):70-81.

[105]叶茂林,胡泽中,梁诗华,缪韩彬,吕建秋."互联网＋大学农技推广"服务体系新途径探索——以华南农业大学为例[J].农业科技管理,2021(01):66-69.

[106]殷浩栋,霍鹏,汪三贵.农业农村数字化转型:现实表征、影响机理与推进策略[J].改革,2020(12):48-56.

[107]殷袁心."互联网＋"下的职业农民培育及人力资源开发[J].商讯,2021(06):170-172.

[108]余洋,王嘉惠.省域视角下多层次农业保险产品体系建设——以湖北省为例[J].中国保险,2021(02):51-54.

[109]翟治鸿."互联网＋"下贵州高山云雾茶的品牌推广研究[J].现代商贸工业,2021(03):52-55.

[110]张国发,崔玉波.黑龙江省发展"互联网＋农业"探析[J].内蒙古科技与经济,2021(03):21-23.

[111]张慧泽,高启杰.新农人现象与乡村人才振兴机制构建——基于社会与产业双重网络视角[J].现代经济探讨,2021(02):121-125.

[112]张景娜,张雪凯.互联网使用对农地转出决策的影响及机制研究——来自CFPS的微观证据[J].中国农村经济,2020(03):57-77.

[113]张景娜,朱俊丰.互联网使用与农村劳动力转移程度——兼论对家庭分工模式的影响[J].财经科学,2020(01):93-105.

[114]张晓雯,眭海霞,陈俊江.促进"互联网＋"现代农业科学发展研究[J].农村经济,2017(02):95-99.

[115]张阳."互联网＋"背景下农业经济的发展[J].中国市场,2020(12):59＋135.

[116]张宇."互联网＋农业"发展现状及对策研究[J].农村经济与科技,2021(03):35-36.

[117]张在一,毛学峰."互联网＋"重塑中国农业:表征、机制与本质[J].改革,2020(07):134-144.

[118]张中正,谢思.推动我国农村互联网金融发展的对策分析[J].商业经济研究,2020(10):168-171.

[119]赵春江,李瑾,冯献,郭美荣."互联网＋"现代农业国内外应用现状与发展趋势[J].中国工程科学,2018(02):50-56.

[120]赵斐,杨波,孙超伦.乡村振兴战略下河南省"互联网＋农业"大学生新型创业研究[J].农村经济与科技,2021(01):187-189.

[121]赵顾惜.我国农业龙头企业创新发展模式研究——基于对云南建水和源农业公司的调研[J].中国集体经济,2021(02):10-13.